UNIVERSITÉ DE FRANCE.

ACADÉMIE DE STRASBOURG.

THÈSE
POUR LA LICENCE,

PRÉSENTÉE

A LA FACULTÉ DE DROIT DE STRASBOURG

ET SOUTENUE PUBLIQUEMENT

LE JEUDI 17 AOUT 1848, A MIDI,

PAR

AUGUSTE-JOSEPH GÉRARDIN,

De Nancy (Meurthe).

STRASBOURG,

DE L'IMPRIMERIE D'ÉDOUARD HUDER, RUE DES VEAUX, 27.

1848.

A MON PÈRE.

A MA MÈRE.

A. J. GÉRARDIN.

A MON ONCLE MATERNEL

MONSIEUR SALMON,

Procureur de la République à Saint-Mihiel, Représentant du Peuple,
Chevalier de la Légion-d'Honneur.

A. J. GÉRARDIN.

FACULTÉ DE DROIT DE STRASBOURG.

PROFESSEURS.

MM. RAUTER ✳ . . . . . . doyen et professeur de procédure civile et de
législation criminelle.

HEPP ✳ . . . . . . professeur de Droit des gens.

HEIMBURGER . . . . professeur de Droit romain.

THIERIET ✳. . . . . professeur de Droit commercial.

AUBRY ✳. . . . . . professeur de Droit civil français.

SCHÜTZENBERGER ✳ . professeur de Droit administratif.

RAU . . . . professeur de Droit civil français.

ESCHBACH . . . . . professeur de Droit civil français.

M. BLŒCHEL ✳, professeur honoraire.

PROFESSEUR SUPPLÉANT.

M. DESTRAIS.

M. POTHIER, secrétaire, agent comptable.

Président de l'acte, M. THIERIET.

Examinateurs, MM. $\left\{\begin{array}{l} \text{THIERIET,} \\ \text{AUBRY,} \\ \text{SCHÜTZENBERGER,} \\ \text{RAU.} \end{array}\right.$

DROIT CIVIL FRANÇAIS.

DE LA MINORITÉ , DE LA TUTELLE ET DU SUBROGÉ TUTEUR.

(Articles 388 à 426.)

DROIT CIVIL FRANÇAIS.

DE LA MINORITÉ, DE LA TUTELLE ET DU SUBROGÉ TUTEUR.

(Articles 388 à 426.)

PREMIÈRE PARTIE.

DE LA MINORITÉ.

CHAPITRE PREMIER.

De la minorité en général.

Le mineur est l'individu de l'un et de l'autre sexe qui n'a pas encore l'âge de vingt-un ans accomplis (art. 388, C. civ.).

L'âge de vingt-un ans est, donc, d'après le Code civil, la limite qui sépare la minorité de la majorité : cette limite, comme toute institution sociale, dépendait de la volonté du législateur qui, sur ce point, devait avoir en vue tant l'intérêt des mineurs que celui de la société, en tenant compte des climats et des pays. Sous un ciel brûlant, dans des régions où le développement de l'homme est plus hâtif, la majorité pouvait être fixée à un âge moins avancé que dans des pays froids, dans lesquels la nature se développe avec plus de lenteur.

En Turquie, la majorité est fixée à quinze ans pour les deux sexes; en Angleterre, elle l'est à vingt-un ans.

A Rome, jalouse de l'autorité paternelle, la loi avait étendu la minorité jusqu'à vingt-cinq ans; mais le mineur passait jusqu'à cet âge par des phases bien différentes : jusqu'à quatorze ans pour les hommes et douze ans pour les femmes, l'enfant était absolument incapable et véritablement mineur; depuis cet âge jusqu'à vingt-cinq ans, il entrait dans la période de puberté, subissait une sorte d'émancipation et prenait l'administration de ses affaires sous la surveillance d'un curateur.

Durant la première époque, le mineur était sous l'autorité d'un tuteur, durant la deuxième, sous celle d'un curateur. Le tuteur administrait sa personne et ses biens, le curateur ses biens seuls. *Tutor personæ, curator bonis datur.*

La loi romaine, introduite dans les Gaules, passa dans les pays de Droit écrit qui admirent comme elle la majorité à vingt-cinq ans seulement.

Quelques provinces, entre autres le Maine, l'Anjou, la Normandie, la Bretagne, admirent au contraire l'âge de vingt ans comme limite de la minorité (1).

Vint la révolution qui relâcha singulièrement les liens de l'autorité paternelle : ce fut d'abord la loi du 20 septembre 1792, puis la constitution de l'an VIII qui fixèrent la majorité civile et politique à vingt-un ans.

Le Code civil adopta ces précédents et sanctionna la même règle.

1. Normandie, art. 223 sur la majorité. Bretagne, art. 528. Duparc-Poullain, *Institutes coutumières*, livre Ier, titre 1er, règle 34. ibid. de Laurière.

CHAPITRE II.

Effets de la minorité.

L'état de minorité suppose la faiblesse physique et intellectuelle du mineur. Cette faiblesse devait être l'objet de la sollicitude de la loi et soumettre le mineur à des dispositions particulières.

En effet, jusqu'à vingt-un ans l'homme est, par la force de la loi, placé sous une autorité destinée à le guider et à le soutenir : autorité paternelle, si le père et la mère vivent encore; autorité tutélaire, si l'un ou l'autre lui a été enlevé.

De plus, jusqu'à vingt-un ans le mineur est réputé incapable de tous les actes de la vie civile; incapable, parce que ses facultés intellectuelles et sa raison ne sont pas assez développées pour qu'il puisse, sans danger pour ses intérêts, contracter avec ses semblables. Cette incapacité est-elle la même depuis l'enfance jusqu'à la majorité? Non sans doute; la loi doit tenir compte du développement progressif de l'intelligence et rendre l'incapacité plus ou moins absolue, selon que le mineur se rapproche plus ou moins du terme de sa minorité.

Ainsi évidemment, avant l'âge de raison, l'enfant est radicalement incapable : tout acte consenti par lui doit être considéré comme inexistant; car les lois, en se bornant à déclarer annulables ou sujettes à rescision les conventions passées par les mineurs, ne parlent que de ceux qui, parvenus à l'âge de raison, ont, de fait mais non de droit, la capacité nécessaire pour contracter (1).

Ce n'est pas tout : le Code civil distingue aussi deux degrés de mi-

---

1. *Sed quod diximus de pupillis , utique de iis verum est qui jam aliquem intellectum habent.* § 10. *Inst. de inut. stip.*, 3, 19. — Observ. du Tribunat sur l'art. 1338. Locré, Lég., civ., t. XII, p. 284, n° 73. Aubry et Rau, t. Ier, p. 67, note 6.

norité : le premier, pendant lequel le mineur est soumis à l'autorité d'un tuteur qui administre sa personne et ses biens ; le deuxième, qui peut commencer à l'âge de quinze ou dix-huit ans, selon que le mineur a conservé ou non les auteurs de ses jours, et pendant lequel le mineur émancipé est, quant à ses biens, sous l'autorité d'un curateur, en ayant la libre disposition de sa personne.

Enfin, quoique présumés incapables, l'homme à dix-huit ans et la femme à quinze peuvent contracter mariage et sont, par le fait du mariage, émancipés de plein droit.

On le voit donc, l'incapacité du mineur est loin d'être absolue ; et la loi la modifie à mesure que le mineur s'approche davantage de sa majorité.

Mais en dehors de ces exceptions, voyons quelle est la valeur des actes consentis par le mineur : nous ne nous occuperons ici que du mineur non émancipé.

La loi donne deux moyens, deux voies pour attaquer les actes d'un mineur : l'action en nullité et l'action en rescision. Elle distingue donc parmi les actes du mineur les actes nuls et les actes sujets à rescision.

Voyons à quels signes on peut reconnaître les uns et les autres.

Les auteurs ne sont pas d'accord à cet égard.

M. Toullier (1) enseigne que toutes les conventions souscrites par un mineur sont nulles dès-lors qu'il les a souscrites sans l'assistance de son tuteur.

Il soutient en second lieu que tous les actes passés en minorité, qu'ils aient été passés par le mineur assisté de son tuteur ou par le tuteur seul, sont sujets à rescision.

M. Demante (2) partage l'opinion de M. Toullier quant aux conventions du mineur non assisté de son tuteur, et les regarde comme nulles.

1. V. VI, § 106.
2. V. II, §. 781.

Au contraire, MM. Duranton (1), Proud'hon (2), Valette (sur Proud'-hon), Duvergier (sur Toullier), Aubry et Rau (3) enseignent qu'il faut distinguer entre :

1º Les actes que la loi soumet à des formes spéciales, 2º et ceux qu'elle ne soumet pas à ces formes.

Pour les premiers ils sont nuls si les formes n'ont pas été observées, que ce soit le mineur seul ou le tuteur qui les aient consentis.

Pour les seconds, si c'est le mineur qui les consent sans l'assistance de son tuteur, ils ne sont que sujets à rescision pour cause de lésion.

Pour apprécier ces systèmes, il convient de rappeler en deux mots ce que c'est qu'une action en nullité et une action en rescision.

L'action en nullité est fondée sur ce que l'obligation attaquée ne réunit pas toutes les conditions nécessaires à sa validité. Pour que l'acte attaqué soit déclaré nul, il suffit de prouver l'absence de l'une de ces conditions.

L'action en rescision est fondée sur une lésion. Pour qu'elle soit admise, il faut prouver cette lésion.

Voyons maintenant quels doivent être, d'après le Code, les cas ou un acte souscrit en minorité est nul ; quels sont ceux ou il est sujet à rescision ?

Les art. 1314 et 1311 portent, art. 1314 : que le mineur est considéré comme majeur pour les actes d'aliénation d'immeubles, pour les partages de successions lorsque les formalités requises pour ces actes ont été remplies.

L'art. 1311 déclare non recevable à revenir contre l'engagement souscrit en minorité, le majeur qui le ratifie, soit que cet engagement fût nul en sa forme, soit qu'il fût sujet à rescision.

Donc certains actes du mineur sont nuls en la forme, d'autres ne sont sujets qu'à rescision ; donc encore ce qui donne la validité aux

1. V. X, § 280.
2. V. II, p. 289.
3. V II, p. 432.

actes souscrits en minorité, c'est l'observation des formes auxquelles ils ont été soumis par la loi.

D'où il faut conclure, comme l'enseignent MM. Aubry et Rau, que ceux-là seuls des actes souscrits en minorité sont nuls, dans lesquels les formes exigées par la loi n'ont pas été observées.

Ainsi les emprunts, les aliénations, les hypothèques consentis par le mineur seul, son tuteur, son père ou sa mère, sans l'autorisation du conseil de famille et l'homologation du tribunal données d'après les règles de l'art. 457 du Code civil, sont nuls (art. 458, 459 du C. civ.).

Ainsi toute acceptation ou répudiation de succession faite autrement que d'après les formes voulues par les art. 461 et 462 du Code civil sera nulle. Il en sera de même pour les donations (463, C. civ.), les conventions matrimoniales (511, C. civ.), les transactions (2045, C. civ.) faites contrairement aux prescriptions du Code.

L'art. 1305 du Code civil porte : « *la simple lésion donne lieu à la res-* « *cision en faveur du mineur non émancipé contre toutes sortes de conventions.* »

Or, par ces mots *toutes sortes de conventions*, que peut entendre le Code? parle-t-il de toutes conventions souscrites même par le tuteur ou par le mineur assisté du tuteur, ou simplement de celles que le mineur a souscrites sans l'autorisation de son tuteur?

Evidemment cette dernière interprétation est seule admissible;

1° Parce que dans le même article il s'agit de mineurs émancipés et que l'action en rescision, pour simple lésion, ne leur est ouverte que quand cette lésion provient d'actes souscrits par eux, excédant les bornes de leurs capacité.

Le mineur émancipé est capable de certains actes sans l'intervention de son curateur; le mineur non émancipé peut, avec l'assistance de son tuteur, souscrire toute espèce d'actes; ils doivent donc être sur la même ligne et n'avoir d'action en rescision que quand ils ont excédé les bornes de leur capacité, c'est-à-dire, pour le mineur non émancipé quand il les a souscrits seul.

2° Parce que l'art. 1305 garde le silence sur les interdits ; or, s'il avait voulu parler des actes souscrits par le mineur avec l'autorisation de son tuteur et qu'il eût voulu donner à ce mineur une action en rescision contre ces actes, il eût nécessairement accordé la même action à l'interdit qu'il met sur la même ligne que le mineur dans les art. 1312 et 1314, C. civ., et pour lequel le même privilége eût été utile.

Cette omission se comprend fort bien au contraire dès-lors que l'on admet que l'art 1305 ne s'occupe que des actes souscrits par le mineur seul ; en effet dans ce cas seul c'est l'art. 502 qui est applicable à l'interdit ; or, cet article déclare nuls les actes souscrits par l'interdit ; donc il ne peut plus s'agir de rescision dans le même cas.

Deux observations, du reste, démontrent évidemment que telle est la véritable interprétation de l'art. 1305. A quoi servirait le tuteur, s'il ne pouvait, même en ne dépassant pas les bornes de son mandat, obliger valablement le mineur ? Comment ensuite les mineurs trouveraient-ils à contracter s'il n'était pas possible de traiter en sécurité avec leurs tuteurs ?

M. Demante, à l'appui de son opinion, invoque l'art. 481 du Code de procédure civile. Cet article ouvre la requête civile, à l'État, aux communes, aux établissements publics et aux mineurs, s'ils n'ont été défendus ou s'ils ne l'ont été valablement.

Or, dit-il, si la loi accorde au mineur le privilége de revenir sur un jugement qui a acquis la force de chose jugée, à plus forte raison peut-il revenir sur les actes de son tuteur s'il est lésé par eux.

Cet argument porte à faux ; d'abord il n'y a aucune analogie entre la requête civile et les actes d'un mineur assisté de son tuteur au nom du mineur, et puis il n'a jamais été soutenu que l'état, les établissements publics ou les communes, qui jouissent du même privilége que les mineurs quant à la requête civile, pussent revenir contre les actes valablement consentis par leurs administrateurs.

Il doit en être de même de ceux du tuteur qui est l'administrateur du mineur.

Ainsi donc nous admettons :

Pleine et absolue validité des actes souscrits par le mineur assisté de son tuteur ou le tuteur en son nom.

Possibilité de rescision pour cause de lésion des actes souscrits par le mineur non assisté du tuteur.

Nullité des actes souscrits par le mineur seul ou le tuteur, quand les formes auxquelles ces actes sont soumis par la loi n'ont pas été accomplies (1).

La nullité d'un acte souscrit par un mineur, sans les formes voulues par la loi, n'est pas absolue, elle n'est que relative.

C'est-à-dire, que c'est au mineur seul à proposer cette nullité et que les tiers qui ont contracté avec lui ne peuvent s'en targuer (art. 225, 1125, al. 2, C. civ.) ; en effet, les nullités de forme ne sont pas des nullités absolues lorsque les formes violées n'ont pas été établies pour la régularité de l'acte en lui-même, mais pour garantir d'une manière plus efficace les intérêts des personnes incapables de s'obliger (2).

Quant à la lésion que doit prouver le mineur demandeur en rescision, elle doit résulter de l'acte même contre lequel l'action est dirigée ou en être une conséquence que l'on aurait pu prévoir.

Ainsi un mineur vend un objet mobilier, il en dissipe le prix ; la lésion ne provient pas dans ce cas de l'acte attaqué, mais elle en est une conséquence que l'on pouvait prévoir.

Le mineur ne peut demander la rescision d'un acte qui n'aurait produit une lésion à son préjudice que par suite d'un événement casuel et imprévu (art. 1306, C. civ.).

Le Code n'a pas déterminé quelle devait être l'importance de la lé-

1. Cette interprétation est justifiée par la jurisprudence. Amiens, 29 juillet 1824. Confirmé par arr. de la Cour de cass. du 5 déc. 1826, affaire Douceur. Toulouse, 13 fév. 1830, Amiens, 17 nov. 1836.

2. Proud'hon, II, p. 286 et 287. Troplong, de la prescription, II, 900 et 901. Civ. rej. 50 août 1815, aff. Vaudreuil.

sion pour qu'il y eût lieu à rescision. Une simple lésion suffit (art. 1305 combiné avec art. 887 et 1674 C. civ.).

Il suffirait que l'engagement pris par le mineur le forçât à vendre ses immeubles ou qu'il l'engageât dans un procès (1).

Cependant le juge pourrait écarter l'action en rescision si elle n'était fondée que sur une lésion de trop mince importance. *De miminis non curat prætor* (2).

L'action en rescision appartient exclusivement aux mineurs; elle ne peut être intentée ni par les tiers qui ont traité avec eux, ni par leurs coobligés (3). Elle passe toutefois aux héritiers du mineur et peut être exercée en leur nom par leurs créanciers (art. 1125, 1305, 1313, 1208, 2012, 1166 C. civ.)

Le mineur est restituable contre d'autres mineurs. *Et minor contra minorem restituendus est* (4).

Il est des cas toutefois où la loi refuse au mineur l'action en rescision pour cause de lésion :

1° Quand le mineur a employé des manœuvres frauduleuses pour faire croire à sa majorité.

Cependant une simple déclaration de majorité ne le constitue pas en fraude (art. 1307, C. civ.).

2° Quand les obligations ont été contractées à raison d'un commerce ou d'un profession par un mineur commerçant ou artisan (art. 487, C. civ., C. comm. 2, 6).

Il n'est question ici que du mineur qui exerce légalement le commerce et qui remplit les conditions fixées par l'art. 2 du Code de commerce.

3° L'action en rescision est refusée encore au mineur, tant contre son mariage que contre les conventions matrimoniales qui l'ont ac-

1. Toullier, VII, 577 et suiv. Duranton, X, 228. Proud'hon, II, p. 291.
2. Rapport au Tribunat par M. Jaubert.
3. Proud'hon, II, p. 294.
4. Merlin, Rép. mineur, § 9, n° 3. Toullier, VII, 591. Leg. 11, § 6, ff. de minor., 44.

compagné, lorsque le tout a été fait avec l'assistance de ceux dont le consentement était requis pour la validité de ce mariage (art. 1309, C. civ.).

Il a une action en nullité contre son mariage dans les cas prévus par les art. 180 et suivants du Code civil (1).

4° Il est enfin des obligations qui se forment malgré l'incapacité personnelle de l'obligé et contre lesquelles le mineur n'est pas restituable.

1° Telle sont les obligations qui naissent d'un délit ou d'un quasi délit (art. 1310, C. civ.).

Le mineur serait cependant restituable contre la reconnaissance d'un délit ou d'un quasi-délit, faite en minorité, ainsi que contre toute transaction fait à ce sujet (2).

On reconnaît une exception à ce principe au cas où un mineur aurait reconnu un enfant naturel. Cette reconnaissance lui est permise, car il ne peut être privé, pas plus que la généralité des pères et mères, du droit, du devoir même de reconnaître celui auquel il a donné la vie.

Or, cette reconnaissance, il doit nécessairement la faire sans l'assistance de son tuteur qui ne saurait reconnaître un fait qui lui est complétement étranger. De là découle la validité de la reconnaissance que le mineur ne saurait attaquer ni par voie de nullité ni par celle de rescision (3), sauf le cas de violence ou de dol.

2° Le mineur n'est pas restituable non plus contre ses obligations légales (art. 1370, C. civ.).

---

1. Toutefois la femme mineure ne peut, dans son contrat de mariage et même avec l'assistance de ceux dont le consentement lui est nécessaire pour se marier, consentir la restriction de son hypothèque légale à certains biens de son mari. Lyon, 30 mai 1844. Sirey, vol. 1844, 2, 449. Grenoble, 25 août 1847. Sirey, vol. 1848, 2, 301.

Rodière et Pont, Contrat de mariage, I, n° 39.

2. Toullier, VII, 587, 588.

3. Zachariæ, Aubry-Rau, IV, p. 40, note 5 et 8. Proud'hon, II, p. 116. Toullier, II, 962. Req. rej. 4 nov. 1825, affaire Goëty.

3º Il en est de même pour les obligations qui procèdent du fait d'autrui (art. 1375, C. civ.).

4º Enfin le mineur n'est pas restituable contre les obligations qui résultent des avantages qu'il a retirés de l'affaire à l'occasion de laquelle il s'est obligé (art. 1241, 1312) (1).

Le mineur a dix ans à compter du jour de sa majorité pour demander la nullité ou la rescision des actes souscrits en minorité qui pourraient y être sujets.

Tels sont les effets de la minorité les plus saillants. Il en est d'autres encore. La loi lui accorde en outre les priviléges suivants :

1º Le tuteur du mineur ne peut accepter une succession échue à ce dernier que sous bénéfice d'inventaire (art. 461, C. civ.).

2º Le mineur a une hypothèque légale sur les biens de son tuteur.

3º Avant qu'on ne puisse saisir ses immeubles, il a le droit de faire discuter ses meubles (art. 2206, C. civ.).

4º Les prescriptions qui courent contre le mineur sont en général suspendues jusqu'à sa majorité ou son émancipation, sauf les cas où l'art. 2278 serait applicable.

1. Proud'hon, II, p. 276.

DEUXIÈME PARTIE.

DE LA TUTELLE EN GÉNÉRAL.

———

La tutelle est une institution d'ordre public : c'est une institution sociale nécessitée par l'état de faiblesse et d'impuissance dans lequel l'homme naît et reste pendant les premières années de sa vie. Le livrer à lui-même, ne pas le soutenir eût été de la part de la société un crime envers l'un de ses membres et pour elle-même un danger.

On a défini la tutelle :

Une autorité et une charge imposée par la loi, ou par la volonté de l'homme en vertu des dispositions de la loi, à un individu, à l'effet d'administrer gratuitement la personne et les biens d'un incapable.

La tutelle est une charge publique et, à moins d'être dans une catégorie exceptionnelle d'individus, personne ne peut s'y soustraire.

Elle a pour objet l'intérêt du mineur, elle est destinée à le diriger ; à écarter de lui les dangers que peuvent lui faire courir sa jeunesse, ses passions, son inexpérience.

La tutelle est exercée par une personne appelée tuteur.

Il y a plusieurs espèces de tuteurs.

D'abord les tuteurs proprement dits ou gérants qui sont chargés de l'administration exclusive de la tutelle et les subrogés tuteurs qui ne sont appelés à représenter le mineur que dans le cas où ses intérêts seraient en opposition avec ceux du tuteur.

On reconnaît deux espèces de tuteurs gérants :

Les tuteurs généraux qui représentent le mineur dans toutes les relations de la vie civile.

Les tuteurs spéciaux qui ne le représentent que sous des points de vue spéciaux, soit par rapport à des droits et actes juridiques (on les appelle alors *ad hoc*), soit quant à des biens possédés aux colonies par un mineur habitant en France et réciproquement, biens qui exigent qu'on les surveille de près; on appelle ces tuteurs spéciaux *protuteurs* (art. 159, 318, 838, 1055 C. civ.).

Le protuteur en Droit français est, quant aux biens confiés à son administration, complétement assimilé au tuteur. Il n'est pas, en effet, comme l'admettait le Droit romain, un individu administrant la tutelle sans être tuteur, c'est-à-dire un *negotiorum gestor* (*D. de eo qui prot.*, 27,5) (1).

Le protuteur doit être nommé par le conseil de famille dans le lieu de l'ouverture de la succession; s'il s'excuse ou s'il n'en a pas été nommé, il en sera nommé un dans le lieu où sont situés les biens (Toullier, II, § 1123.)

Il ne peut être nommé de protuteur quand le mineur est encore sous la tutelle de son père ou de sa mère.

Le protuteur est indépendant du tuteur, et ils ne sont pas responsables de leurs actes réciproques.

Le tuteur administre seul, et d'une manière exclusive, toutes les affaires de la tutelle (Riom, 13 avril 1807.)

Il est soumis toutefois à la surveillance du subrogé tuteur et au contrôle du conseil de famille.

Mais il ne se borne pas à valider par son autorisation, comme le disait le Droit romain (*autoritate sua*), les actes juridiques du mineur; il le représente dans tous les actes de la vie civile (Art. 450 C. civ.)

Un tuteur peut-il être nommé sous condition, ou pour un certain temps? Oui, quand il l'est par le père ou la mère du mineur; non, quand il l'est par le conseil de famille.(2).

1. Req. rej., 14 octobre 1806; Riom, 24 avril 1827, aff. Millot.
2. Malleville sur 401; Blœchel, § 514; Toullier, II, § 1105; Duranton, III, 405 et suiv.

La loi n'appelle à la tutelle légale qu'une seule personne; en faut-il conclure qu'elle défende au père, à la mère, au conseil de famille d'en appeler plusieurs?

Oui, en général; et à cette règle M. Toullier ne fait qu'une exception, c'est le cas où la nomination d'un protuteur est nécessaire (Toullier, II, 1123). MM. Aubry et Rau, Duvergier sur Toullier enseignent que le père et la mère ont le droit de nommer à leur enfant un tuteur pour les biens, un autre pour son éducation.

MM. Blœchel, § 13, Delvincourt, 398 sont du même avis (1).

M. Duranton va plus loin, il accorde au père et à la mère le droit absolu de nommer plusieurs tuteurs à leurs enfants III, 444.

Du reste, le Code prévoit le cas où un cotuteur doit être adjoint au tuteur; c'est celui où le conseil de famille conserve la tutelle à la mère remariée, et lui nomme de droit son second mari pour cotuteur (art. 396, C. civ.).

Est soumis à la tutelle quiconque n'a pas encore atteint l'âge de vingt-un ans accomplis, à moins qu'il n'ait été émancipé, ou que le mariage qui unit son père et sa mère ne soit pas dissous (art. 389, C. civ.)

Du contrôle de la tutelle.

L'incapable est soumis par la loi à l'administration d'un tuteur; mais il fallait à la société des garanties qui répondissent de la bonne gestion de ce tuteur; c'est à quoi ont visé toutes les législations, et elles s'y sont pris diversement.

Le Droit romain, sauf la caution que devait fournir le tuteur, le laissait complétement libre, et ne contrôlait son administration que lorsqu'il s'agissait de l'aliénation des biens du mineur. Alors apparais-

1. Trib. civ. et d'appel de Paris, 24 pluv., 15 mess. an XII, Rouen, 8 mai 1840, aff. Lemonnier.

sait la surveillance du magistrat dont l'intervention était exigée. Le Droit romain demandait encore la confirmation de certains tuteurs, et admettait comme populaire l'action en destitution de tutelle.

Le Droit allemand a rendu la surveillance du tuteur plus sévère. Il établit une autorité spéciale appelée collége des pupilles, laquelle doit confirmer ou établir tous les tuteurs concurremment avec la justice ; le tuteur est tenu, dans les affaires importantes, de n'agir que d'après l'assentiment de cette autorité.

Il est tenu enfin de lui rendre compte de temps en temps de sa gestion.

Le Code civil a rendu le tuteur plus dépendant qu'à Rome, moins qu'en Allemagne.

Il a établi à côté du tuteur un conseil de famille chargé dans les cas prévus par la loi de délibérer sur les intérêts du mineur, conseil dont les avis doivent en général être suivis par le tuteur.

Dans certains cas, en outre, les actes du conseil de famille doivent être sanctionnés ou homologués en justice.

Enfin, les intérêts du mineur sont confiés à un subrogé tuteur qui doit contrôler les actes du tuteur gérant et surveiller son administration.

Cette surveillance dans certains cas appartient encore au ministère public (art. 83, 885, 886, c. de proc. civ.).

CHAPITRE II.

Des divers modes de déférer la tutelle.

La tutelle peut être déférée soit par le fait de la loi, soit par le fait de la volonté de l'homme.

La loi donne lieu à la tutelle du survivant des père et mère et à la tutelle légale des ascendants ; la volonté de l'homme produit la tutelle vulgairement appelée testamentaire et la tutelle dative.

Outre ces quatre tutelles ordinaires, il en est encore d'autres qui ont fixé l'attention du législateur et que nous étudierons plus tard : ce sont, la tutelle administrative des orphelins, la tutelle officieuse, la tutelle des enfants naturels, enfin celle des enfants d'un absent.

La tutelle légale du père ou de la mère survivant prime toutes les autres quand elle peut avoir lieu ; à défaut de celle-ci vient la tutelle déférée par le dernier mourant du père ou de la mère, ou la tutelle des ascendants.

Enfin, lorsqu'aucune des autres ne peut avoir lieu, c'est la tutelle dative qui doit être déférée.

PREMIÈRE SECTION.

TUTELLE DES PÈRE ET MÈRE.

§ I. *Administration des biens du mineur pendant le mariage.*

Tant que le mariage qui unit ses père et mère n'est pas dissout, l'enfant mineur est soumis à l'autorité paternelle et trouve dans cette autorité la protection qui est nécessaire à sa faiblesse (art. 389, C. c.). C'est à son père qu'est confiée l'administration des biens qu'il peut avoir acquis par industrie ou recueillis par héritage ; mais le père n'en est pas moins pour cela père et non tuteur. Il doit rendre compte de sa gestion à la majorité ou à l'émancipation de son enfant ; mais la loi ne l'assujétit à aucune des précautions dont elle entoure le tuteur.

Il ne lui est pas adjoint de subrogé tuteur et ses biens ne sont pas grevés d'une hypothèque légale au profit de l'enfant. Libre quant aux

3

actes d'administration, il n'en est pas moins soumis à l'autorité du conseil de famille quant aux actes de disposition d'après les art. 457 et 467 du Code civil.

Toutefois s'il survenait entre le père et l'enfant des divergences d'intérêts, il devrait être nommé au mineur un tuteur *ad hoc*, chargé de représenter les intérêts de l'enfant et de s'opposer à ce qui pourrait lui être préjudiciable (1).

Le père est dépouillé de sa qualité d'administrateur :

1° Par la majorité de l'enfant;

2° Par son émancipation;

3° Quand le père a été condamné en vertu du § 2 de l'art. 335 du Code pénal;

4° Par sa mort naturelle ou civile. De plus il peut être privé par le conseil de famille de l'administration des biens de ses enfants, pour inconduite notoire, infidélité dans sa gestion ou incapacité (art. 444, C. c.) (2).

Le père n'est pas déchu de cette administration par le fait seul de la cessation de l'usufruit légal qui lui est attribué sur les biens de ses enfants (Locré, sur l'art. 389). Mais il peut être privé par un donateur ou testateur de l'administration légale des biens donnés ou légués à son enfant (3).

1. Proud'hon, II, p. 170. Toullier, II, § 1090. Turin, 9 janvier 1811.

Il a été jugé qu'un mineur est valablement représenté par son père dans une instance qui a pour objet la validité d'un testament fait au profit du mineur par le frère de son père, bien que ce dernier comme héritier ait intérêt à l'annulation de ce testament, si d'ailleurs il conclut à la validité du testament. Dans ce cas, il n'est pas nécessaire de nommer un tuteur *ad hoc*.

Ce tuteur *ad hoc* nommé ne serait pas recevable à former tierce-opposition à l'arrêt lors duquel le mineur a été représenté par son père.

Affaire Renaudeau contre Duveau. Cass. Chamb. civ. 5 juillet 1847. Sirey, 1848, I, 545.

2. Zachariæ, I, § 99. Toullier, II, § 1090. Paris, 29 août 1825. Rej. 16 déc. 1829.

3. Cette question est controversée. Pour : Duranton, III, 375, note. Proud'hon, de l'usufruit, I, 240. Nîmes, 20 déc. 1837. *Secus* : Besançon, 15 nov. 1807. Caen, 11 août 1825.

§ II. *Tutelle du survivant des père et mère.*

A la dissolution du mariage par la mort naturelle ou civile de l'un des époux, le survivant devient de droit tuteur de ses enfants mineurs.

La tutelle ne s'ouvre donc ni par l'interdiction de l'un des époux ni en vertu de sa condamnation par contumace à une peine emportant mort civile, tant que le délai de grâce n'est pas expiré (Duranton, III, 418, Zachariæ, I, p. 205). Mais si profitant du bénéfice de 20 ans que la loi lui accorde pour subir un nouveau jugement, l'époux contumace est acquitté, il est évident que cet acquittement le faisant rentrer dans la vie civile, lui rendra aussi tous ses droits à gérer les biens de ses enfants ou leur tutelle si son conjoint est mort.

Ici se présente encore la question de savoir si le conjoint survivant étant mineur, il pourra être, malgré cet état, tuteur de ses enfants.

La solution doit être affirmative, car la loi ne l'en a pas exclu. Mais quoique tuteur, le conjoint mineur ne pourra avoir pour la gestion des biens de ses enfants, plus de capacité qu'il n'en a pour celle de ses biens propres. Les auteurs diffèrent sur la personne qui doit l'assister dans cette gestion. Sera-ce son propre curateur comme le pensent MM. Aubry et Rau et Locré (sur 442)? sera-ce le subrogé tuteur comme l'enseignent MM. Delvincourt (I, p. 285) et Duranton (III, 502)? ou enfin faudra-t-il, d'après M. Blœchel (§ 2), pourvoir le mineur d'un curateur *ad hoc*?

Nous croyons avec MM. Aubry et Rau que c'est au curateur du conjoint mineur à l'assister dans la gestion des biens de ses enfants dont il a la tutelle.

Le père et la mère sont également aptes à gérer la tutelle de leurs enfants. Toutefois il existe entre eux sur ce point des différences notables que nous allons étudier.

La première consiste en ce que le père ne peut refuser la tutelle en aucun cas, ni s'en décharger volontairement (1). S'il lui est impossible de la gérer, il doit s'en faire décharger par le conseil de famille.

Au contraire la mère, si elle ne l'a acceptée déjà tacitement, peut la refuser, et c'est au conseil de famille dès-lors à nommer un tuteur ; car dans ce cas il n'y a pas lieu à la tutelle légale des ascendants.

Les auteurs ne s'accordent pas sur la question de savoir si, après avoir accepté la tutelle, la mère survivante peut s'en faire décharger.

L'art. 394 dit seulement : *la mère n'est pas tenue d'accepter la tutelle.*

Il semble que l'on ne pourrait conclure de ces termes qu'une seule chose : que la mère qui n'a pas accepté peut faire nommer un autre tuteur par le conseil de famille. Toutefois il est à croire que les raisons qui ont porté le législateur à rendre facultative pour la mère l'acceptation de la tutelle, subsistent et sont recevables lorsqu'après avoir essayé de gérer la tutelle, elle trouve cette charge trop difficile (ch. 2, Biblioth. du barreau, 1808, 11, 194. Lassaux, II, § 125. Bourges, 13 avril 1835). Toujours est-il que jusqu'à la nomination du tuteur, la mère est tenue de remplir les fonctions de tutrice (art. 394, C. civ.).

Une seconde différence entre le père et la mère tuteurs légaux de leurs enfants, est celle-ci :

La tutelle et les pouvoirs du père ne peuvent être limités par personne.

Au contraire, celle de la mère peut être limitée et restreinte par le père, soit par acte de dernière volonté, soit par déclaration devant notaire ou devant le juge de paix.

Le père a le droit ou de donner à sa femme un conseil pour la guider dans sa gestion, ou de spécifier les actes dont elle sera capable et incapable.

Les actes consentis par la mère sans l'assistance de ce conseil, se-

1. Req. rej. 27 février 1835.

ront-ils nuls? MM. Delvincourt (I, note 4, p. 107), et Valette (sur Proud'hon, II p. 288) répondent affirmativement dans les cas où il est prouvé que les tiers ont eu ou ont dû avoir connaissance de la nomination du conseil (1).

Tous les actes souscrits par la mère, lorsque le père a spécifié ceux dont elle serait capable et qui excéderaient sa capacité, sont nuls d'après la même distinction.

Il faut remarquer que le droit du père de limiter la capacité de la mère, ne peut s'entendre que de l'administration des biens du mineur, et non de celle de sa personne; sous ce rapport, le droit de la mère est entier (art. 391, C. civ.).

Passons à une troisième différence entre le père et la mère, tuteurs de leurs enfants mineurs.

Le père qui se remarie reste et demeure tuteur de ses enfants, sans être tenu de se faire confirmer dans sa tutelle.

Au contraire la mère, si elle se remarie, doit, avant la célébration de son mariage, convoquer le conseil de famille, lequel décide s'il y a lieu ou non de lui conserver la tutelle (art. 395, C. civ.).

A défaut de cette convocation, elle perd la tutelle de plein droit, et son second mari est responsable des suites de la tutelle qu'elle a indûment conservée.

Si le conseil de famille conserve la tutelle à la mère qui se remarie, elle a pour cotuteur de droit son second mari; ce dernier devient solidairement avec elle responsable de la gestion postérieure au mariage (396, C. civ.; Nîmes, 30 nov. 1831).

Ses biens sont grevés, comme ceux du tuteur d'une hypothèque légale, au profit du mineur (Paris, 28 déc. 1822; Poitiers, 28 décembre 1824, req. rej., 14 déc. 1836).

1. Un arrêt de la Cour d'Aix du 31 mai 1840, semble admettre la nullité dans tous les cas indistinctement. Nous croyons qu'il a trop généralisé.

Reste une derniere hypothèse à examiner, c'est celle qui se présente lorsqu'au décès du mari la femme est enceinte.

Dans ce cas, le conseil de famille nommera un curateur au ventre et à la naissance de l'enfant, la mère en deviendra tutrice et le curateur, subrogé tuteur (393, C. civ.).

L'institution du curateur au ventre nous vient des lois romaines; ce curateur diffère de tous tuteurs et curateurs en ce qu'il est institué pour conserver une succession incertaine. En effet, les droits de différentes personnes se trouvent en présence : ceux de l'enfant dans le sein de sa mère qui doit hériter de la succession s'il vit, ceux de la mère qui aurait intérêt à supposer le part pour jouir de la fortune de son enfant; ceux enfin des autres héritiers du défunt auxquels reviendrait la succession, si l'enfant naissait mort ou non-viable.

C'est pour protéger tous ces intérêts qu'est institué le curateur au ventre. Il doit conserver la succession, et veiller à ce qu'elle passe à ceux qui, par l'événement, se trouvent appelés à la recueillir.

La capacité du curateur se borne aux actes de conservation, et par là on doit entendre les oppositions, les actes interruptifs de prescription, le recouvrement des capitaux des dettes mobilières, celui des revenus, etc.

Il peut encore solder les dettes exigibles, et faire en un mot tout ce qui est utile à la succession.

Sa seconde fonction est de surveiller la transmission de l'hérédité, et d'empêcher la supposition de part. Le Droit romain lui donnait à cet égard certains droits inquisitoriaux, que nos mœurs et nos lois ne sauraient plus admettre.

SECTION II.

DE LA TUTELLE DÉFÉRÉE PAR LE PÈRE OU LA MÈRE.

Nous passons à la seconde espèce de tutelle, celle que l'on nomme vulgairement et à tort testamentaire.

La loi autorise le père et la mère à choisir un tuteur à leurs enfants légitimes.

Ce droit n'appartient qu'au dernier mourant des deux époux. Aussi ne peut-il être exercé par l'époux sain d'esprit après l'interdiction de l'autre (Zachariæ, I, p. 201, n° 3; Duranton, III, 434, *secus*, Delvincourt sur 396). Il ne peut l'être davantage par le père ou la mère valablement excusé de la tutelle, quant au tuteur qui doit les remplacer pendant leur vie (Zachariæ, I, p. 204, n° 4; Delvincourt sur 397; *contra* Toullier, II, 1102).

La mort civile et la mort naturelle donnent également lieu à l'exercice de ce privilége.

Il ne peut être, du reste, restreint ni limité d'aucune façon, et la mère à laquelle son époux aurait adjoint un conseil, n'en est pas déchu pour cela (Blœchel, § 5.)

L'état de minorité ne fait aucun obstacle au droit dont nous nous occupons; l'époux mineur dernier mourant a donc le droit de nommer un tuteur à ses enfants (Blœchel, § 16). Il faut remarquer que dans le cas où la mère s'est remariée, le choix qu'elle peut avoir fait est subordonné à l'assentiment du conseil de famille (Art. 400.)

Le tuteur, nommé par le dernier mourant des conjoints, n'est tenu d'accepter qu'autant qu'il se trouve dans la classe des personnes que le conseil de famille eût pu charger de la tutelle à défaut de cette élection spéciale. (art. 401, C. civ.).

Le dernier mourant peut nommer un tuteur de trois manières différentes :

1° Par acte de dernière volonté ;

Il pourrait également et valablement le nommer dans un écrit qui ne contiendrait que cette nomination sans aucune espèce de disposition de biens, pourvu d'ailleurs qu'il fût fait dans les conditions d'un acte ordinaire de dernière volonté (1) (Zachariæ, I, p. 205, 11, *secùs*).

2° Par déclaration devant le juge de paix de son domicile, mais non devant un juge de paix quelconque. L'art. 392 dit en effet : devant *le* juge de paix, et non devant *un* juge de paix, ainsi que le Tribunat l'avait proposé (Locré, lég. T, VII, p. 216, n° 4, Zachariæ, I, p. 205, n° 12).

3° Par acte notarié (art. 398, 392) : ce choix est révocable comme toute disposition testamentaire (Locré, IV, p. 53 ; Lassaux, II, 314.)

Le droit du dernier mourant de nommer un tuteur à ses enfants, cesse.

1° Quand il a été exclu ou destitué de la tutelle (art. 399-445 ; Lassaux, II, 310 ; Delvinc. sur 398).

2° Quand il a perdu la puissance paternelle par une raison quelconque.

3° Quand la mère survivante a convolé en secondes noces, sans avoir été maintenue préalablement dans la tutelle par le conseil de famille (art. 400, C. civ.).

Toutefois il est à croire que si la mère, déchue de la tutelle légale de plein droit en vertu de l'art. 395, est nommée par le conseil de famille à la tutelle dative, ce droit lui est restitué. Il ne s'élève en effet contre elle aucun motif de suspicion qui puisse l'en priver (2).

Quelques auteurs, entre autres MM. Aubry et Rau et Delvincourt enseignent que le survivant des époux est encore déchu du droit de

1. Lassaux, II, 309.
2. Zachariæ, I, p. 205, 8.

nommer un tuteur à ses enfants quand il a refusé d'accepter la tutelle ou s'en est fait excuser (art. 394). Ils se fondent sur ce que le Code civil ne range pas au nombre des causes qui mettent fin à la tutelle et notamment à la gestion du tuteur nommé à la place du père valablement excusé, ou de la mère refusante, le choix que le survivant ferait d'un tuteur dont les fonctions commenceraient après sa mort.

Nous ne pouvons nous ranger à cette opinion. Le Code, en effet, ne mentionne pas une dérogation aussi grave au droit qu'il donne au père ou à la mère, et cependant il dit art. 398 : *sous les modifications ci-après*. Or, parmi ces modifications, rien n'indique celle dont il s'agit.

En second lieu, il nous semble que, parce qu'il a refusé, ou s'est fait excuser de la tutelle, un conjoint peut n'en présenter pas moins les garanties d'intelligence nécessaires à la nomination d'un tuteur, et cela est d'autant plus admissible que l'on admet à ce droit la mère pourvue par le père d'un conseil. (Lassaux, II, 311 ; Blœchel, § 16 ; Duranton, III, 438 ; Paillet, sur 397).

SECTION III.

DE LA TUTELLE LÉGALE DES ASCENDANTS.

Lorsque les deux conjoints sont décédés et qu'ils n'ont choisi aucun tuteur à leurs enfants mineurs, la tutelle appartient de droit à leur aïeul paternel ; à défaut de celui-ci à l'aïeul maternel ; s'il est décédé, aux ascendants plus éloignés, de manière que l'ascendant paternel soit toujours préféré à l'ascendant maternel du même degré (art. 402).

Cette tutelle n'est déférée qu'aux ascendants mâles (1). Elle n'a lieu

---

1. L'art. 442 qui déclare les ascendantes aptes à gérer la tutelle ne parle que de la tutelle testamentaire et de la tutelle dative (Zachariæ, I, p. 207, note 3 ; Malleville et Delvincourt, sur 402 ; Toullier, II, § 110 6.

4

qu'au cas où le dernier mourant n'a pas choisi de tuteur : s'il l'a fait et que ce tuteur vienne à refuser, à être excusé ou destitué ou à mourir avant la fin de la tutelle, il y a lieu à la tutelle dative et non à la tutelle des ascendants (Arrêt de cass., 26 février, 1807 ; Toulouse, 18 mai 1832 ; Rouen, 18 déc. 1839 ; Zachariæ, 1, p. 206 ; Duranton, III, n° 441 ; *Secus*, Bruxelles, 11 mars 1819).

Lorsque le père ou la mère survivant est excusé, ou que la mère remariée est exclue de la tutelle, il faut dans ces deux cas recourir à la tutelle dative (Lassaulx, II, 316 ; Zachariæ, I, p. 206, note 1 ; Duranton, III, 446 ; *Secus*, MM. Blœchel, § 18 ; Delvincourt sur 402 ; Brauer sur 405). Il en est de même lorsque l'ascendant auquel la tutelle est dévolue se trouve incapable de la gérer ou en est valablement excusé. Dans ce cas encore, ce n'est point à l'ascendant qui y serait appelé, si le premier était mort, à être tuteur, mais c'est au conseil de famille à déférer la tutelle dative (Zachariæ, I, p. 207).

Lorsqu'à défaut d'aïeul paternel et d'aïeul maternel la concurrence s'établit entre deux bisaïeuls paternels du mineur, la tutelle passe à celui des deux qui se trouve être l'aïeul paternel du père du mineur.

Si la même concurrence s'établit entre deux bisaïeuls maternels, le choix se fera par le conseil de famille. Il en serait de même en cas de concurrence entre ascendants de degrés plus éloignés (art. 402, 404 C. c.).

SECTION IV.

DE LA TUTELLE DÉFÉRÉE PAR LE CONSEIL DE FAMILLE.

§ Ier.

La dernière espèce de tutelle reconnue par le Code civil est celle que défère le conseil de famille. On l'appelle vulgairement tutelle dative :

ce nom importé du Droit romain ne s'applique pas parfaitement à ce mode de délation. Le Droit romain, en effet, appelait dative la tutelle déférée par le magistrat seul, sans les conseils des parents de l'impubère. Au contraire, le Code civil charge les parents seuls de cette nomination sous la surveillance du magistrat.

Le droit coutumier avait déjà modifié le Droit romain en obligeant le magistrat à prendre l'avis des parents sans le contraindre toutefois à le suivre.

Le Code civil charge de la nomination du tuteur une assemblée de parents ou d'amis des parents du mineur; lorsque le père et la mère du mineur sont morts, ou bien que le survivant d'entre eux est incapable, ou lorsque le dernier mourant des père et mère a nommé un tuteur incapable ou valablement excusé, lorsque l'ascendant auquel la tutelle revient de droit, est inhabile à la gérer ou s'est fait excuser, enfin lorsqu'il n'y a pas d'ascendant apte à gérer la tutelle.

La délibération du conseil de famille, qui nomme le tuteur, n'est pas sujette à l'homologation du tribunal; elle doit être notifiée au tuteur nommé, dans les trois jours outre un jour par trois myriamètres de distance entre le lieu où s'est tenu l'assemblée et le domicile du tuteur (art. 882, proc. civ.).

Le tuteur agira et administrera en cette qualité du jour de la nomination si elle a lieu en sa présence; sinon du jour où elle lui aura été notifiée (418, C. civ.). Il peut être pris hors du conseil de famille. La tutelle est une charge personnelle qui ne passe pas aux héritiers du tuteur; mais à la mort de ce dernier (419), s'ils sont majeurs et sur les lieux, ils doivent la continuer jusqu'à la nomination d'un nouveau tuteur.

§ II. *Du conseil de famille.*

Le conseil de famille est une institution du droit coutumier (Argou, I, p. 48); c'est une réunion de personnes désignées par la loi, chargée de nommer et de destituer le tuteur, de surveiller et de vérifier sa gestion, de l'autoriser à faire certains actes juridiques et de donner son avis sur diverses affaires de la tutelle.

Cette réunion n'est qu'une assemblée délibérante, ne constituant point un corps permanent, devant être dissoute après chaque délibération et reconstituée pour toute délibération nouvelle. Elle est chargée de la police judiciaire de la tutelle et ne forme en aucune façon un pouvoir judiciaire ou administratif.

Aussi, quand une de ses délibérations est attaquée, le tribunal compétent pour en connaître ne la juge-t-il pas comme juge d'appel, mais comme juge de première instance (art. 889; MM. Aubry et Rau, I, p. 188, note 2; Blœchel, § 27).

§ III. *Composition du conseil.*

Le conseil de famille est composé :

1° Du juge de paix du lieu ou s'ouvre la tutelle.

Le juge de paix est membre et président de droit du conseil (art. 407, 416).

Ainsi serait nulle une délibération dont le procês-verbal ne constaterait que la présidence du juge de paix et ne constaterait pas qu'il a pris part à la délibération et qu'il a voté (Bordeaux, 21 juil. 1808).

Si la délibération du conseil est annulée par le tribunal, le juge de paix n'en reste pas moins le président et le membre du conseil qui doit être réuni pour résoudre la même question (Paris, 6 oct. 1814).

Le tribunal de première instance ne saurait déléguer un de ses membres pour présider le conseil de famille au lieu du juge de paix (Bordeaux, 6 messidor an XII).

Le conseil de famille se compose :

2° De six autres personnes choisies par le juge de paix parmi les parents ou alliés du mineur, résidant même passagèrement dans un rayon de deux myriamètres du lieu où la tutelle s'est ouverte (Amiens, 11 fruct. an VIII).

Pour éviter toute influence dangereuse d'une ligne sur l'autre, le Code veut que ces six parents soient choisis, moitié du côté paternel, moitié du côté maternel, en suivant l'ordre de proximité dans chaque ligne (1) (407).

Le parent doit être préféré à l'allié (2) du même degré, et parmi les parents du même degré le plus âgé à celui qui le sera le moins.

Quand des parents appartiennent également aux deux lignes, ie juge de paix peut les ranger indifféremment dans l'une ou dans l'autre; mais il ne peut compléter l'une des lignes par des parents pris de l'autre. C'est le cas alors d'appeler au conseil des alliés ou des amis (Blœchel, § 24; Jurisp. du C. civ., XVI, 186).

Aux règles que nous venons d'énoncer, il existe des exceptions:

1° Tous les frères et beaux-frères germains du mineur sont membres du conseil de famille, quel que soit leur nombre. Ils peuvent le composer eux seuls (art. 408; req. rej., 16 juillet 1810; id. 10 août 1815).

2° Les ascendants valablement excusés de la tutelle légale et les ascendantes veuves, c'est-à-dire celles dont le mineur descend, doivent être appelés au conseil de famille, s'ils se trouvent dans le rayon légal, plutôt par déférence que comme membres nécessaires.

Les ascendants non excusés font de droit partie des six membres nécessaires à la composition du conseil de famille.

3° Lorsqu'il n'y a pas dans le rayon légal assez de parents pour

1. Lyon, 15 février 1812; Colmar, 27 avril 1813; Angers, 29 mars 1821; Rouen, 7 avril 1827; Toulouse, 5 juin 1829. En sens contraire: Turin, 10 avril 1811; Bruxelles, 15 mars 1806.

2. A peine de nullité (Civ. rej., 22 juillet 1807). Sous ce rapport l'alliance ne s'éteint pas par la dissolution du mariage (Req. rej., 16 juillet 1810; Bruxelles, 11 juin 1802).

composer le conseil de famille, le juge de paix peut en citer à des distances plus grandes; il peut, si cela est utile au mineur, citer des parents domiciliés en dehors du rayon légal, lors même que des parents égaux en degrés se trouveraient en assez grand nombre dans ce rayon; il peut enfin, à défaut de parents, citer des personnes qui ont eu notoirement avec les parents du mineur des relations d'amitié (1) (art. 405).

Toutefois, les amis non domiciliés dans la commune ne peuvent être tenus de se rendre au conseil de famille.

4° Les enfants naturels n'ayant pas d'autres parents que leur père et mère, le conseil de famille doit être composé d'amis, conformément à l'art. 405 (req. rej., 3 sept. 1806; id. 7 juin 1820).

Sont exclus du conseil de famille (art. 442):

1° Les mineurs, sauf le père ou la mère;

2° Les interdits;

3° Les femmes autres que les ascendantes;

4° Tous ceux qui ont, ou dont les père et mère ont avec le mineur un procès dans lequel l'état du mineur, sa fortune ou une partie notable de ses biens sont compromis (art. 442).

5° Tous ceux qui ont été exclus ou destitués d'une tutelle (art. 445).

Toutefois, on ne saurait exclure du conseil de famille la mère destituée de la tutelle pour s'être remariée sans avoir convoqué le conseil de famille, à l'effet de se voir confirmer ou enlever la tutelle, pas plus que celle à laquelle le conseil aurait enlevé cette charge (2).

6° Les morts civilement;

7° Ceux qui ont été condamnés à la peine des travaux forcés à

---

1. Amicos appellare debemus no nlevi notitia conjunctos, sed quibus fuerint jura cum patrefamilias, honestis familiaritatis quæsita rationibus (L. 223, § I, D, de V. S.).

La condition de défaut de parents en nombre suffisant est à peine de nullité (Angers, 29 mars 1821; Paris, 24 février 1842).

2. Bruxelles, 30 mai 1810; Zachariæ, I, 197, note 21; Durantou, III, 511; *secus* Delvincourt, sur 445.

temps, à la peine de la détention, du bannissement, de la réclusion, de la dégradation civique (C. pén., art. 28, 34).

8° Ceux qui ont été condamnés par un tribunal jugeant correction-nellement, à la perte du droit de vote et de suffrage dans les assemblées de famille (Art. 42, 335, C. pén.).

9° Les personnes intéressées à la solution de la question soumise au conseil (arg. 426, 495) (1).

L'inconduite notoire n'est pas un motif d'exclusion du conseil de famille (art. 444, 445) (2).

Le Code civil ne soumet les membres du conseil de famille à aucune responsabilité spéciale, sauf les cas de dol ou de fraude, cas auxquels les art. 1382 et 1383 seraient applicables.

§ IV. *Convocation du conseil.*

C'est au juge de paix seul qu'il appartient de convoquer le conseil de famille, et de dresser la liste des personnes qui doivent en être les membres (art. 409, 410). Cette convocation peut se faire soit sur les réquisitions des parents, des créanciers, des débiteurs du mineur, du ministère public, soit d'office par le juge de paix (civ. cass., 11 août 1818; Besançon, 9 avril 1808).

Le juge de paix à ce compétent est celui du canton dans lequel le mineur a son domicile au moment où s'ouvre la tutelle (art. 406).

Ce juge de paix demeure chargé dès-lors de toutes les convocations de conseil de famille qui pourraient être nécessaires soit dans le cours de la tutelle, soit pour la délation d'une deuxième ou d'une troisième tutelle. (Blœchel, § 19; req. rej. 29 novem. 1805; civ. cass. 23 mars 1819; jugé de même par arrêt de la Cour d'appel de Nîmes du 2 mars 1848; Sirey, 1848, II, 295, aff. Robert-Mathieu).

1. Ainsi celui qui poursuit une interdiction; Lassaux, II, 435; Blœchel, § 25; Aubry et Rau, I, p. 192, note 9.
2. Blœchel, § 48, civ. cass., 13 oct. 1807; Aubry et Rau, I, p. 192.

Toutefois lorsqu'il s'agit de la tutelle légale du père, de la mère ou d'un ascendant, la compétence du juge de paix est déterminée par le domicile du tuteur. (Duranton, III, 453; Zachariæ, I, p. 193; req. rej., 10 août 1825).

La convocation se fait ou bien par citation, ou bien verbalement, ou par lettre.

Toute personne convoquée est tenue de comparaître au jour fixé, à peine d'une amende de cinquante francs que le juge de paix prononce sans appel (413), sauf le cas d'excuse valable. On peut cependant faire opposition à cette condamnation, et l'on ne saurait en être passible qu'autant que la convocation a eu lieu par citation. (Lassaux, II, 319; juris. du Code civil VIII, 59; Zachariæ, I, p. 193, note 7).

Il est loisible aux personnes convoquées de se faire représenter par un mandataire, dûment autorisé : un mandataire ne peut recevoir de mandat que d'une personne; il ne saurait être soumis à un mandat impératif. (Proud'hon II, p. 182; Zachariæ I, p. 194; Duranton III, art. 456; Blœchel, § 22; Metz, 24 brum. an XIII).

Le juge de paix a le droit en cas d'absence de l'un ou de plusieurs des membres du conseil, et si l'intérêt du mineur le demande d'ajourner la délibération du conseil de famille à jour fixe ou indéterminé, art. 414 (Duranton III, 457).

Le lieu des séances du conseil de famille, à moins que le juge de paix n'en ait décidé autrement, est l'auditoire de la justice de paix. Art. 415.

Les séances ne sont pas publiques. (Duranton, III, 454; Zachariæ I, p. 194).

Pourqu'une délibération du conseil de famille soit valable, les trois quarts au moins des membres convoqués doivent y avoir assisté ; c'est-à-dire, dans les cas ordinaires, cinq membres plus le juge (art. 415).

Le membre qui se retirerait avant la délibération ne peut être compté comme présent. Celui qui refuserait d'y prendre part doit, au contraire, compter dans le nombre des membres assistants.

Les auteurs sont partagés sur la question de savoir à quelle majorité doivent se prendre les résolutions du conseil. MM. Aubry et Rau, Locré, Pailliet, Toullier demandent la majorité relative ; MM. Duranton, Duvergier sur Toullier, Delvincourt, Valette sur Proud'hon, au contraire, demandent la majorité absolue, c'est-à-dire la moitié des voix plus une.

Nous penchons pour cette dernière opinion :

1° Parce que de cette manière le sort du mineur ne peut pas être abandonné à la volonté d'un ou de deux membres appuyés de la voix du juge de paix.

2° Parce que l'art. 416, donnant au juge de paix voix prépondérante en cas de partage, implique nécessairement la réunion de toutes les opinions à deux seulement qui seront en présence. D'après les art. 117 et 118 du C. de proc. civ. il ne peut y avoir partage qu'au cas où il n'y a que deux opinions ; tant qu'il y en a plus de deux, le partage ne peut exister. (En ce sens Metz, 16 février 1812 ; Aix, 10 mars 1840).

Lorsque les décisions du conseil de famille n'ont pas été prises à l'unanimité, l'avis de chacun des membres doit être inscrit au procès-verbal. C. de procéd., 883.

Il n'est pas nécessaire que les actes du conseil de famille soient motivés (Civ. cass. 17, novembre 1813).

§ V. *Actes du conseil de famille.*

Les actes du conseil de famille se divisent en deux classes : les avis et les délibérations.

On appelle avis les actes dans lesquels le conseil de famille se borne à donner à la justice son sentiment sur les questions que cette dernière lui a soumises.

Ainsi le conseil de famille doit être consulté pour qu'il donne son ' avis lorsqu'il s'agit d'interdire un individu ou de lui donner un conseil judiciaire.

On appelle délibérations les actes au moyen desquels le conseil de famille prend ou ordonne directement une mesure quelconque.

C'est par délibération que le conseil de famille nomme les tuteurs, cotuteurs, curateurs (art. 405), qu'il destitue les tuteurs qui ont malversé (art. 446):

Qu'il confirme le tuteur nommé par la mère remariée maintenue dans la tutelle (art. 400); qu'il règle l'aperçu des dépenses du mineur et les frais d'administration (art. 454); qu'il règle les conventions matrimoniales des enfants des interdits (art. 511).

Dans certains cas le conseil de famille ne prend et n'ordonne directement aucune mesure; il ne fait que consentir, autoriser. C'est une espèce d'avis, mais bien distinct de ce que nous avons vu plus haut sous ce nom.

Le consentement, l'autorisation du conseil de famille sont demandés: Pour la tutelle officieuse (art. 361);

Pour le mariage des mineurs (art. 160);

Pour l'opposition à y former (art. 175);

Pour l'achat ou la prise à ferme des biens du mineur par le tuteur (art. 460);

Pour le fait d'aliéner et d'hypothéquer les biens du mineur (art. 467);

Pour introduire une action relative aux intérêts immobiliers du mineur ou pour acquiescer à une demande relative aux mêmes droits (art. 464);

Pour provoquer un partage (art. 465);

Pour transiger (art. 467);

Pour faire détenir un mineur par voie de correction (art. 468);

Pour émanciper un mineur (art. 468);

Pour révoquer son émancipation (art. 485);

Outre ces objets ordinaires de délibération qui peuvent provoquer la réunion du conseil de famille, le tuteur a le droit de le faire réunir en toute autre circonstance pour le consulter sur l'administration de la tutelle.

Le conseil, dans ce cas, n'est pas plus tenu de délibérer que le tuteur de suivre sa décision (Blœchel, § 57).

Toutefois la responsabilité du tuteur, tout en demeurant entière, devra dans ce cas être appréciée avec moins de rigueur (Zachariæ, I, p. 196).

Les tribunaux peuvent aussi, pour s'entourer de plus de lumières dans une affaire qui concerne la tutelle, provoquer la convocation du conseil de famille (Pailliet, art. 883, pr. civ.).

Les délibérations du conseil de famille sont, en règle générale, exécutoires par elles-mêmes.

La loi a déterminé quelques cas où elles doivent être homologuées; c'est-à-dire, confirmées par le tribunal de première instance compétent.

Ainsi, pour tout emprunt, toute aliénation, toute hypothèque à la charge du mineur, la délibération du conseil de famille qui les autoriserait doit, pour être exécutoire, avoir été homologuée par le tribunal, le ministère public entendu (art. 457, 458).

Les formes à suivre pour arriver à l'homologation sont indiquées aux art. 885 et 889 du Code de proc. civ.

§ VI. *Voies de recours contre les actes du conseil de famille.*

Les actes du conseil de famille peuvent être attaqués quant à la forme ou quant au fond.

1° Quant à la forme. Quand les dispositions de la loi relatives à la convocation, à la composition, à la délibération du conseil n'ont pas été observées.

C'est au juge, du reste, à examiner quelle peut être la gravité de de l'inobservation incriminée, et cela en appréciant le préjudice qui peut en être arrivé au mineur (Aubry et Rau, I, p. 197).

2° Quant au fond. On peut attaquer les actes du conseil de famille, lors même qu'ils sont valables quant à la forme, quand ils sont contraires aux intérêts du mineur. (Jurisprudence du C. civ., XVII, 415; Aubry et Rau, 1, 198).

Le droit d'attaquer les actes du conseil de famille appartient au tuteur, au subrogé tuteur; au curateur, à tous les membres du conseil de famille, qu'ils aient assisté ou non à la délibération et qu'ils y aient ou non acquiescé (art. 883, proc. civ.; Lyon, 15 février 1812; Colmar, 28 avril 1813; Angers, 29 mars 1821).

Ont encore le droit d'attaquer les délibérations du conseil de famille les personnes dont elles lèsent les intérêts (art. 448).

L'action en nullité doit être portée devant le tribunal de première instance dans le ressort duquel a été tenue l'assemblée : on peut la proposer directement ou incidemment seulement quand la délibération est soumise à l'homologation de la justice (888, proc. civ.).

Quand on attaque un acte du conseil pour vice de forme, l'action doit être formée contre tous les membres du conseil de famille.

Quand on l'attaque au fond ou que c'est une personne dont il lèse les intérêts qui l'attaque, l'action ne doit être formée que contre ceux des membres qui ont voté pour l'opinion adoptée (art. 883, proc. civ).

Le tuteur exclu ou destitué de la tutelle et qui attaque cette délibération doit diriger l'action contre le subrogé tuteur (art. 448).

La procédure est toujours sommaire (art. 884, proc. civ.).

Le juge de paix ne peut jamais être mis en cause.

La prescription de l'action en nullité contre un acte du conseil de famille est la prescription ordinaire; c'est-à-dire de dix ans (art. 1304, C. civ.).

CHAPITRE III.

Du subrogé tuteur.

A côté du conseil de famille, comme moyen de contrôle de l'administration du tuteur, le Code civil a placé le subrogé tuteur, qui surveille cette administration de plus près encore.

Cette institution était inconnue aux lois romaines; dans le cas où les intérêts du mineur et de son tuteur étaient en opposition, elles se bornaient à ordonner la nomination d'un tuteur *ad hoc*. Les pays de droit écrit suivirent cette règle. Au contraire, le droit coutumier admettait que tout acte de tutelle devait contenir la nomination d'un subrogé tuteur chargé de défendre les intérêts du mineur, s'ils étaient opposés à ceux du tuteur. C'est donc du droit coutumier que nous vient cette institution que les rédacteurs du Code ont modifiée en ce que ce n'est plus seulement pour défendre les intérêts du mineur dans les cas où ils sont en opposition avec ceux du tuteur, mais bien pour surveiller la gestion du tuteur, qu'un subrogé tuteur lui est adjoint au tuteur.

Le tribun Leroy dans son discours au corps législatif caractérise en deux mots le but et l'utilité de cette institution.

« Le législateur, dit-il, ne doit pas laisser la fidélité aux prises avec l'intérêt.»

Dès qu'il y a tutelle il y a lieu à subrogée tutelle (Paris, 6 octobre 1814).

Le subrogé tuteur est nommé par le conseil de famille; dans tous les cas cette tutelle est essentiellement dative.

Une seule exception est admise à cette règle ; c'est le cas où le curateur au ventre devient de droit subrogé tuteur du mineur dont la mère devient tutrice.

Lorsque la tutelle a été déférée que ce soit par le fait de la loi ou par le choix des parents, le tuteur nommé doit, avant d'entrer en fonctions, faire convoquer le conseil de famille pour la nomination d'un subrogé tuteur.

Le tuteur qui néglige ce devoir est responsable de tous dommages qui pourraient en arriver au mineur et s'il y avait dol de sa part, le conseil de famille pourrait lui retirer la tutelle (art. 421).

Quand la tutelle est déférée par le conseil de famille, la nomination du subrogé tuteur doit suivre immédiatement celle du tuteur (art. 422).

Le subrogé tuteur étant le contradicteur direct et incessant du tuteur, la loi devait prévenir toute connivence entre eux. Aussi a-t-elle soumis la nomination de ce dernier à certaines règles qui témoignent du soin qu'elle a d'éviter pareille connivence.

Le tuteur nommé ne peut voter pour la nomination du subrogé tuteur. Il lui est également interdit de voter pour sa destitution. Au contraire, le subrogé tuteur peut concourir à la nomination et à la destitution du tuteur.

Le subrogé tuteur ne pourrait être pris dans la même ligne de parenté que le tuteur (art. 423).

Si donc le mineur n'a de parents que dans une seule ligne, le subrogé tuteur sera choisi parmi les amis.

On s'est demandé si, le mineur ayant des parents dans les deux lignes, la loi exigeait que le tuteur étant nommé dans l'une, le subrogé tuteur le fût dans l'autre ou bien si elle permettait qu'il le fût parmi les étrangers.

Il nous semble que le Code ne s'étant pas expliqué à ce sujet, les deux choix seraient également valables.

Lorsque le mineur n'a pour parents que des frères, l'un d'eux peut-être tuteur, et l'autre subrogé tuteur, car les frères, on le sait, appartiennent aux deux lignes et il n'est pas probable qu'ils sacrifient les intérêts d'un frère mineur à ceux d'un autre majeur.

Si le tuteur vient à être changé et qu'il soit pris dans la ligne à laquelle appartient le subrogé tuteur, il y aurait lieu à changer aussi ce dernier.

Les devoirs du subrogé tuteur se résument en deux mots.

Il doit : 1° surveiller la gestion du tuteur ; 2° représenter le mineur toutes les fois que ses intérêts sont opposés à ceux du tuteur.

Le subrogé tuteur n'est pas le remplaçant du tuteur, mais son surveillant : aussi en cas de vacance de la tutelle, n'a-t-il pas à suppléer le tuteur, mais à requérir sans délai et sous peine de dommages-intérêts la convocation du conseil de famille à l'effet de pourvoir au remplacement du tuteur (art. 424).

Comme surveillant, le subrogé tuteur est en droit de se faire remettre à des époques fixes les états de situation de la gestion du tuteur. Toutefois le conseil de famille ne saurait autoriser une pareille surveillance lorsque c'est le père qui est tuteur (art. 470).

C'est le subrogé tuteur qui est chargé de poursuivre la destitution du tuteur, l'homologation de cette destitution quand elle a été prononcée et de répondre même en appel au tuteur qui voudrait se faire maintenir dans la tutelle.

Il doit assister à tous les actes qui ont pour but la constatation de la fortune du mineur (art. 451, 453, 459).

Il doit veiller à ce que l'inscription hypothécaire qui compète au mineur sur les biens de son tuteur soit prise sans délai et renouvelée en temps utile (art. 2137).

C'est encore lui qui répond à la demande en réduction d'hypothèque que réclamerait le tuteur (art. 2143).

Enfin le subrogé tuteur doit veiller à ce que le tuteur ne laisse pas s'écouler le délai pour interjeter appel de tout jugement rendu contre le mineur, si l'intérêt de ce dernier l'exige (art. 444 du Code de proc. civ.).

La responsabilité du subrogé tuteur dépend du devoir que lui impose la loi. Quand il s'agit de devoirs de surveillance il n'est pas responsable de la gestion du tuteur , sauf le cas de faute grave ou de connivence avec lui.

Quand au contraire la loi impose au subrogé tuteur un devoir actif comme celui de représenter le mineur, de provoquer la réunion du conseil de famille, il est responsable à peine de dommages-intérêts de toute lésion envers les mineurs (Blœchel , § 26).

Les biens du subrogé tuteur ne sont pas grevés d'hypothèque légale au profit du mineur.

La subrogée tutelle cesse en même temps que la tutelle lorsque cette dernière finit d'une manière absolue. (art. 425.)

Lorsqu'il y a lieu à nomination d'un tuteur nouveau , le subrogé tuteur conserve ses fonctions, sauf le cas ou le nouveau tuteur serait pris dans la même ligne que le subrogé tuteur.

CHAPITRE III.

De différentes tutelles particulières.

PREMIÈRE SECTION.

DE LA TUTELLE DES ENFANTS NATURELS.

Il n'existe dans le code civil aucune disposition au sujet de la tutelle des enfants naturels. Il faut donc supposer que, quant à eux, le législateur s'en réfère aux règles générales et qu'il les soumet au droit commun. Toutefois leur position même rend impossible l'application de quelques unes de ces règles et fait naître des questions qu'il est utile d'étudier.

On distingue parmi les enfants nés hors du mariage deux classes d'individus ; les uns sont enfants naturels simples, c'est-à-dire qu'ils sont nés de personnes non unis par mariage mais entre lesquelles il n'existe aucune cause prohibitive d'union.

Dans cette classe se trouvent encore deux catégories distinctes : la première composée de ceux qui ont été reconnus, soit par l'un des auteurs de leurs jours, soit par les deux. La seconde, de ceux qui n'ont pas été reconnus.

D'autres enfants sont appelés adultérins ou incestueux ; ce sont ceux qui sont nés de personnes entre lesquelles le mariage était impossible.

Quant à la tutelle, les règles sont les mêmes pour les enfants naturels non reconnus, que pour les enfants adultérins ou incestueux.

N'ayant aucune famille, n'ayant légalement parlant aucun parent, il ne peut exister pour eux de tutelle légale ; la seule tutelle qui puisse leur être donnée sera la tutelle dative. Le conseil de famille, qui sera chargé de leur donner un tuteur se composera nécessairement d'étrangers convoqués par le juge de paix, ce sera dès lors plutôt un conseil de tutelle, qu'un conseil de famille.

Nous verrons dans une des sections suivantes, quelle serait la tutelle donnée à ces enfants au cas où ils auraient été abandonnés et placés dans un hospice.

Quant aux enfants naturels reconnus, s'ils ont été légitimés par le mariage de leurs auteurs, il n'y a pas de différence à faire entre eux et les enfants légitimes.

S'ils n'ont été que reconnus, que ce soit par un seul ou par les deux auteurs de leurs jours, la seule question à examiner, c'est celle de savoir si ces auteurs sont de plein droit les tuteurs légitimes de leurs enfants.

Au premier abord il semble que cela ne peut faire difficulté : la tutelle légale découlant de la puissance paternelle, on pourrait croire que de cette puissance naît, pour les père et mère des enfants naturels reconnus, le droit d'être tuteur légal.

6

Mais en consultant la loi, on s'aperçoit que l'art. 390 est conçu de manière à rendre cette solution contestable.

La tutelle légitime a lieu d'après cet article : *à la dissolution du mariage arrivée par la mort naturelle ou civile de l'un des époux.* Or, entre les auteurs de l'enfant naturel reconnu, il y a pas de mariage : donc il ne peut y avoir de tutelle. Si l'on s'en tenait au texte, sans doute ce raisonnement serait juste. Mais il faut remarquer que le Code en traitant de le puissance paternelle dit, art. 373 : *le père seul exerce son autorité durant le mariage* ; et cependant l'art. 383 attribue au père naturel certains droits découlant de la paternité et que cet art. 373, semblait lui refuser par son texte.

Il nous semble de plus que l'intérêt même de l'enfant naturel demande que ses auteurs en soient les tuteurs légitimes : car, en dehors de ces auteurs, il n'a aucun parent (1).

Quant à l'époque où commencera cette tutelle, il faut distinguer : si l'enfant a été reconnu par le père ou la mère, le père sera son tuteur aussitôt après sa naissance : le père ne sera pas administrateur des biens de l'enfant comme le père légitime durant le mariage, il sera le tuteur de cet enfant.

Si l'enfant n'a été reconnu que par l'un de ses auteurs, ce sera à celui qui l'a reconnu à être tuteur.

La mère au premier cas ne sera tutrice qu'à la mort du père.

Il a été jugé cependant que si l'intérêt du mineur l'exigeait, les tribunaux auraient le droit de priver ses père et mère naturels de la tutelle légitime (Pau 18 fév. 1822).

Nous avons admis pour les père et mère le droit à la tutelle légale de leurs enfants naturels ; dès-lors nous sommes amenés à leur reconnaître aussi le droit de nommer à leurs enfants un tuteur testamentaire. Ce droit découle, comme l'autre, de la puissance paternelle et

1. Aubry et Rau, IV, p. 86 ; Loiseau, p. 537; Delvincourt, I, p. 269 ; Vazeille, Traité du mariage, II, 478; Bruxelles, 4 fév. 1811 ; Colmar, 24 mars 1813 ; Grenoble, 21 juillet 1836 ; *secùs* Duranton, III, 431.

leur accorder le premier, c'est leur accorder implicitement le second.

SECTION II.

De la tutelle officieuse.

La tutelle officieuse est l'obligation volontairement contractée de
nourrir et d'élever gratuitement un mineur, d'administrer sa personne
et ses biens et de le mettre en état de gagner sa vie à sa majorité.

C'est un pur contrat de bienfaisance, destiné à faciliter l'adoption,
qui oblige le tuteur d'élever à ses frais le mineur, d'administrer ses
biens et de l'indemniser plus tard, en cas de non-adoption si cet enfant n'a pas reçu une éducation propre à lui faire gagner sa vie.

Cette tutelle est régie par les art. 361 à 370.

SECTION III.

De la tutelle administrative.

Cette espèce de tutelle ne concerne que les enfants abandonnés ou
déposés dans les hospices.

Un arrêt du parlement de Paris du 15 juillet 1759 avait déféré à
l'hospice de la Trinité à Paris, la tutelle de tous les enfants trouvés
de cette ville.

La loi du 15 pluv. an XIII, suivant ce précédent, donne la tutelle
de tout enfant abandonné aux administrateurs de l'hospice dans lequel il est élevé. L'un des administrateurs est spécialement chargé de
cette tutelle, qui au cas ou l'enfant changerait d'hospice, est déférée,
par acte administratif visé du préfet, à l'hospice du lieu où se rend
l'enfant.

La loi dn 19 janvier 1811 consacre les mêmes règles.

SECTION IV.

DE LA TUTELLE DES ENFANTS D'UN ABSENT.

L'absent est l'individu qui a disparu et qui n'a plus donné de ses nouvelles.

La loi reconnait deux périodes dans l'absence, 1º période où la présomption de vie prédomine, et qui dure cinq ans sauf le cas où l'absent aurait laissé une procuration; 2º période où la présomption de mort prend le dessus, et qui ne commence qu'après un jugement du tribunal, déclarant l'absence.

Or, quant à la tutelle, comme elle ne peut commencer pour l'un des époux qu'après la mort de l'autre, il est évident que durant la première époque, il ne pourra en exister, car la présomption de vie prédomine.

Seulement, si c'est la mère qui demeure présente, elle est investie de tous les droits qui compétaient au père, et si celui des époux qui est présent vient à décéder ou est déjà décédé lors de la disparition de l'autre, il y aura lieu, après un délai de six mois, à la nomination par le conseil de famille d'un tuteur provisoire (art. 142).

Dès que le tribunal a déclaré l'absence, la tutelle s'ouvre et l'époux présent devient tuteur. S'il est décédé, il y a lieu à tutelle des ascendants ou à tutelle dative, selon les circonstances.

Il est évident que pendant la première époque, il ne peut y avoir lieu à délation de la tutelle testamentaire, ce droit n'étant accordé qu'au dernier mourant des époux.

Dans la deuxième, au contraire, celui des conjoints qui est présent et qui vient à décéder, a le droit de nommer par l'un des modes légaux un tuteur à ses enfants.

Toutefois, si le conjoint absent venait à reparaître, il reprendrait de droit la tutelle de ses enfants.

JUS ROMANUM.

DE TUTELIS.

CAPUT PRIMUM.

Tutela, latiore quidem sensu, munus est atque officium, privatorum aut personis aut rebus tuendis curandis que publica auctoritate constitutum ac susceptum.

Duplex est ejus muneris genus : primum tutelæ stricto sensu, alterum curæ. Primo romanorum jure, impuberibus item et feminis tutelam, curam vero furiosis solum et prodigis, dari solebatur. Feminarum vero pedetentim abusu tutela recessit.

Præterea, omnis res tutelaris inter agnatos, patres et gentiles agebatur : magistratuum auctoritate tutorem dari illo solum loco legibus cautum fuerat, quum nullum quisdam haberet tutorem. Nova paulatim invaluit ratio; placuitque idem a magistratu tutorem dari, iis quorum tutores vel rebus gerendis non idonei essent, vel aliis de causis ab officiis ejus administratione impedirentur.

Pristino autem jure romano, tutorem impuberibus ad pubertatem usque dari lex erat; puberibus vero nec tutorem, nec curatorem adjungi mos vigebat.

At paulatim, sui juris juvenes pene in decimo quarto anno floren-
tes, discrimina vitæ vitare non posse perspicuere Romani. Lex Plætoria
primum, prætores deinde de minoribus vigenti quinque annorum curam adhibuere. Restitutio in integrum iis a prætoribus data est,
atque publica actio lege Plætoria eos contra qui cum vigenti quinque
annis minoribus fraudatim gesserint edicta est.

Iisdem denique, curatorem dari posse voluit Marcus Aurelius Antoninus, at volentibus solum; nam inviti adolescentes curatores non
accipiunt (1).

His de tutela generaliter dictis; de minoribus nunc et de auctoritate tutoris, nobis elucendum est.

CAPUT II.

De tutela et tutoris auctoritate.

§ 1. De tutela.

Tutela eas circa versatur personas quæ se propter ætatem defendere nequeunt. Illam sic Servius definivit: « Tutela est vis ac potestas
in capite libero, ad tuendum eum, qui propter ætatem se defendere
nequit, jure civili data ac permissa. »

Illis ideo solum datur tutela qui propter ætatis debilitatem tueri
debeunt : jamque illa e propositione patet iis tantum tutelariam potestatem necessariam esse quos nullus tueatur. Sui juris, ergo, soli juvenes
eam adhibere queunt; nam alieni juris, vel patrem, vel avum cujus
sub potestate e jure romano stant, tutorem jam et defensorem habent.

Secunda dein conditio, ætatis debilitas est.

1. Inst., L. 1, XXIII, § 2.

Romano jure, vel *majores* sunt homines, id est post annum vicesi-
mum quintum impletum, vel *minores* id est vicesimo quinto anno non
impleto. Minores vero bifarie dividuntur. Aut enim impuberes sunt,
sive in prima ætate constituti, aut puberes, sive in secunda ætate,
iidemque præ cæteris vocantur minores, tum etiam adolescentes et
adulti donec ad decimum quartum annum ætatis mares quidem', feminas vero ad duodecimum pervenerint. Impuberes, qui quidem in-
fra septimum annum ætatis sunt, *infantium* nomine veniunt; post
hanc ætatem *infantia majores* vocantur; quo in genere distinguntur
etiam et *proximi infantiæ*, id est qui non multum excesserunt infantiam,
et *pubertate proximi*, id est, qui prope a pubere ætate absunt.

Infans, (qui fari non potest) nil agit : infantia major et sibi acquirere
et alios obligare potest. At, ut obligetur ipse plerumque tutoris auctoritas interveniat necesse est. Obligantur præterea soli aut ex æqui-
tate (1) aut ex lege (2) aut ex dolo suo.

§ II. *De auctoritate tutoris.*

Tutoris munus, cum personam pupilli tum et bona ejus spectat.
Hoc officio fungi, ut bonus idoneusque paterfamilias necesse habet
tutor, at tamen non ultra eam tenetur in diligentiam, quam suis ipse
adbibere consueverit rebus. Nulla igitur nisi lata culpa eo opponi potest.

Ipsa autem tutelaris muneris exercendi ratio duplex est; aut aucto-
ritatem interponendo, aut negotia gerendo. Cum sub tutela sunt,
nihil sine tutore recte agunt, præterquam quod meliorem facere conditionem, et alios obligare possunt, idque solum post infantiam.

Imperfectum igitur tutor pupilli judicium sua supplet auctoritate.
Auctor fit qui probat, qui pupilli consensum suo crescit, qui minoris
debilitatem sua potestate crescit. Ideo, jure Romano, cunctas res pu-

1. 46, D. de obl. et act., XLIV, 7.
2. L. 5, § 19, de vi bon. rapt., XLVII, 8.

pillus ipse per se expedire, tutor vero iis consentire easque probare solum censebatur.

At, eodem jure, quæcumque ad veteris juris ordinem et solemnitatem peragenda erant, extraneis curanda, non comitti poterant. Prohibebatur ita tutoribus, per se solos, quae ad hæræditates suscipiendas spectabant, agere.

Necesse erat igitur, istius modi negotia jacere, cum ad infantes pertinebant, infantes enim solemnitates juris peragere non poterant.

At sæpius, ex hoc stricto nimium jure, incommoda ac molestiæ pupillo oriebantur; accesserunt igitur subinde temperamenta : ab ipsis tutoribus ea negotia peragi aut per diverticula, aut ad tempus duntaxat permissum fuit. Postea vero, paulatim penes tutorem omnis pupilli administratio delata fuit, ita autem ut omni in [contractu pupillorum ipsorum, quoad id quidem fieri posset, adhibendæ essent personæ.

CAPUT III.

De deferendæ tutelæ modis.

Tres, jure Romano constituendæ ac deferendæ tutelæ causæ vel modi sunt. Testamentum, lex, magistratus auctoritas. Unde tutores testamentarii, legitimi et dativi appellantur.

§ I. *De tutela testamentaria.*

Hujus tutelæ in L. XII tab. origo invenitur, jubebant enim : «paterfamilias uti legassit super pecunia tutelave suæ rei, ita jus esto ».

Testamentaria igitur tutela ea est qua paterfamilias liberis impuberibus in potestate sua constitutis et ipso mortuo, in alterius potestatem non recasuris, tutorem dat testamento (L I ; XI § 3).

Patris igitur potestas hujus tutelæ fundamentum est, inde patet : patremfamilias, sive patrem, sive avum, sive abavum, modo liberis impuberibus qui in ejus potestate sunt et, eo mortuo, in alterius potestatem recasuri non sunt, testamento tutorem dare posse.

Liberis emancipatis aut naturalibus, stricto jure tutorem dare potest paterfamilias quibus tamen si dederit, is tutor à magistratu sine scrutatione ulla confirmandus est. Hanc tutelam imperfectam vocare solitum est, vel minus plenam; plenam vero vel perfectam, primam; scilicet legitimis liberis datam tutelam appellare mos est (1).

Possunt et ex hæreditati liberi e patrisfamilias testamento tutorem accipere; at tantum cum exhæradatio jus patriæ potestatis non tollat (2).

Imperfecta ex testamento orta tutela, altero item in casu vocatur, cum mater liberis hæredibus institutis, tutorem eis dederit. Is tutor, scrutatis a magistratu moribus et solvendi facultatem, confirmandus est.

Posthumis etiam testamento tutores dare, licet : quoties enim de eorum commodo agitur, pro natis habentur (3).

Testamento tantum vel confirmato codicillo, tutorem impuberibus liberis dare potest paterfamilias. Datus tamen tutor in codicillo non confirmatos a magistratu sanciundus est (4).

Cæterim vel ante, vel post hæredis institutionem, sub conditione, ad certum tempus, vel ex certo tempore, tutorem dari licet. Complures item tutores, contutores dicti a testatore impuberi constitui queunt (5).

Eos tantum tutores nominare jure civili permissum est, cum quibus testator testamenti factionem habet, eosque qui habiles sunt ad munera publica adeunda.

1. § 3 et 5, J. de tut.; L. 1, § 2, D. de conf. tut. (26, 3).
2. L. 4 et L. 10, § 3, D. de test. tut. (26, 2).
3. § 4, J. de tut.
4. L. 3, D. de test. tut. (26, 2).
5. § 3, Inst. qui test. tutor. dari posse.

Inde : tutores nominari non posse elucet :

1º Feminas, excepta modo matre, cui antiquo jure a principe tutela postulanda erat.

2º Servos, dum in servitute sint; libertas data tacite existimatur si testator servum suum tutorem nominaverit.

3º Amentes, furiosos, et annis XXV minores dum ægrotant vel minores sint. Si vero nominati tutores sint, ex eo tempore nominatos fuisse, quo ad tutelam habiles fuerint, existimantur.

4º Peregrinos item et personas incertas.

§ II. *De legitima tutela.*

Legitima tutela, lato sensu, illa est quæ ex lege aliqua descendit; stricto vero quæ ex lege duodecim tabularum introducitur, seu propalam, seu per consequentiam.

Antiquitus non nisi agnatorum legitima tutela in usu erat. At novis e successionum legibus et novo ordine, aliæ quidem legitimæ tutelæ ortæ sunt.

Duplex igitur tutelarum genus admissum est : alterum cognatorum, alterum patronorum cujus ad similitudinem aliæ duæ effictæ sunt species, cum parentum emancipantium tutela, tum vero ea, cui fiduciariæ nomem inditum est.

De una quaque specialiter nobis elucendum est.

SECTIO PRIMA.

De legitima agnatorum tutela.

Agnatis vel cognatis tutela defertur, cum testamentariæ locum esse sperari non amplius fas est (1).

1. L. 11, pr. D. de test. tut. (26, 2).

Quod contingit :

1° Si paterfamilias, quoad tutelam, intestatus decesserit, id est, si vel testamentum non fecerit, vel tutorem in eo non dederit, vel nominatio facta per quamcumque causam irrita sit (§ 2, J. de leg. agn. tut.).

2° Si testamentarius tutor mortuo testatore decesserit seu suscepta seu ante susceptam tutelam.

3° Cum tempus vel conditio evenerit, si ad certum tempus vel ad certam conditionem tutor nominatus fuerit.

Agnatorum, cognatorumve secundum proximitatem gradus defertur tutela, ita ut proximior excludat remotiorem. Si proximior tutelæ oneri inhabilis esset; propiori gradui devolveretur. Si uno in gradu plures sint, omnes tutores erint (§ 7. I. de cap. dem.).

Feminæ jure antiquo inhabiles legitimæ tutelæ et testamentariæ erant; Justinianeo vero, mater et avia omnibus agnatis et cognatis postpositis primæ ad tutelam admissæ fuerant (1).

SECTIO SECUNDA.

De legitima patronum tutela.

Ubi emolumentum successionis, ibi et onus tutelæ (Inst. 1, 17). Hac e regula legitima patronorum tutela orta est. Patronus enim, vel patroni liberi secundum duodecim tabularum legem, liberto sine prole defuncto ab intestato succedebant. Ideo iisdem libertorum impuberum tutela delata est.

Hac in tutelâ cædem, quæ in cœteris, regulæ de feminis, de minoribus et furiosis sequendæ sunt.

1. Nov., 118, cap. 5.

SECTIO TERTIA.

De legitima parentum tutela.

Duplex erat huic tutelæ nomen. Primum legitima vocabatur, fiduciariæ etiam nomen ei datum fuerat. Legitima enim ac fiduciaria est. Omnis parens a quo unus ex illis qui sua sub potestate sunt emancipaverit, illius tutor jure est, si ille impuber sit. Paterfamilias patronus esse existimatur erga liberos emancipatos, quorum igitur quasi libertorum habet tutelam.

Emancipatio vero priscis temporibus, per tres venditiones cum stipulatione fiduciæ fiebat, ideo que illa tutela et fiduciaria vocata est.

Cum vero Justinianus, sublata illa venditione simulata, quam vanam observationem appellat fiduciam, etsi non expresse stipulatam, in emancipationibus, semper vero interpositam videri jubeat; paterfamilias etiam jure novo, patronus esse ducitur liberorum emancipatorum, quorum igitur fit hæres et tutor (§ 8, I. de legi. agn. succ. Const, 6, C. de emanc. lib. 8, 49).

SECTIO QUARTA.

De fiduciaria tutela.

Tutela fiduciaria ea est quæ, patrefamilias postquam impuberes liberos aut nepotes emancipaverit, mortuo, ad ipsius liberos scilicet ad fratres emancipatorum defertur.

Fiduciariæ altero in casu tutelæ locus est : cum avus paterfamilias, nepote impubere emancipato, moritur, hujusque tutela patri ipsius defertur. Qua in hypothesi pater fiduciarius liberi sui tutor est (§ un. J. de fiduc. tutel.; L. 4. D. de legit. tut. 26, 4).

§ III. *De dativa tutela.*

Dativa tutela est, quæ a magistratibus defertur (Pr. l. de at. tut.)

Dativæ tutelæ locus erat : 1° Si nullus vel testamentarius vel legitimus tutor esset ; 2° Si tutor sub conditione, vel ex certo tempore nominatus fuisset, eam usque ad conditionem impletam, idque usque ad tempus tutor a magistratibus dabatur.

Similiter agebatur, si tutor legitimus vel testamentarius, in hostium manus cecidisset. Is jure postliminii si redierit tutor erat, at usque ad reditum dativo tutori tutela conferebatur.

Dativus tutor, tutelam, ei cui ex testamento, vel lege, conditione eventa, vel tempore, tutela gerenda erat; restituere debet. Si vero conditionis eventus nondum possibilis est, dativus tutor tutelam relinquit, ac legitimæ tutelæ jure locus est.

3° Si testamentarius tutor a tutela excusatus vel destitutus fuerit, dativæ hoc iterum casu tutelæ locus esset.

Pluribus vero magistratibus successim romanæ leges deferendæ tutelæ jus dederunt.

Primum ex lege Atilia, prætori urbano cum majore parte tribunorum plebis Romæ : in provinciis vero præsidibus, e lege Julia et Titia tutores dandi jus fuit.

Claudius, munus illud consulibus, postea Antoninus Pius prætoribus dederunt. Tutorem vero non sine inquisitione de moribus et fortuna nominari licitum erat.

Ante Justiniani tempora, potestas illa Romæ, præfecto urbis delata fuerat vel prætori, cuique secundum suam jurisdictionem : in provinciis vero præsidibus, si autem impuberis fortuna non magna esset, solebat præses particularibus urbis magistratibus tutoris nominationem relinquere.

Justinianus denique municipium magistratibus et civitatum defensoribus munus illud, si res pupilli minores 500 solidorum essent tulit (§ 5, l. de at. tut. l. 1, et l. 3. D. de tut. et cur. 26, 5).

DROIT CRIMINEL.

DE L'HOMICIDE EN GÉNÉRAL

ET

DU DUEL EN PARTICULIER.

INTRODUCTION.

Le respect des personnes, de la propriété, de la famille, tel est le principe de toute société civilisée. Ce principe. Dieu l'a écrit dans la raison et dans le cœur humain, c'est le lien qui réunit les hommes entre eux dans une communauté d'intérêts et qui constitue les sociétés et les peuples. Sans lui, le monde ne serait qu'un triste champ de bataille, qu'une arène toujours fumante où l'appat du gain et les passions les plus désordonnées déchireraient sans cesse l'humanité.

Tant que les hommes n'ont pas reconnu ce principe, la force fut le droit; dès que la civilisation et la morale les réunirent entre eux et leur apprirent à vivre en société, la justice devint le droit et la force perdit ses priviléges.

Nous n'avons à nous occuper ici que du respect que l'homme doit avoir pour la vie de ses semblables.

Nous constaterons d'abord le droit que tout être humain a de vivre et de vivre librement. Aussi, dans toutes les législations, les crimes contre lesquels le législateur déploie le plus de rigueur. sont-ils les attaques contre la vie de l'homme ; ce don précieux; le bien le plus grand de tout être intelligent que Dieu lui a donné, afin de remplir dans ce monde une mission à laquelle lui seul a le droit de mettre un terme.

L'homicide est donc défendu : mais il a une double face; on peut en effet attenter aux jours d'autrui. et on peut aussi attenter à sa propre existence.

Sous ce dernier point de vue, la morale ne s'accorde pas avec la loi. La morale, partant du principe de notre extraction divine, proclame cet attentat immoral et criminel. La loi, au contraire, se demandant avant tout, si un pareil fait préjudicie à la société se tait sur le suicide et ne l'incrimine pas.

Est-ce avec raison? est-ce à tort? La question est difficile.

Toutefois si la loi flétrissait le suicide, si elle s'associait à la morale et à la raison pour réprouver énergiquement tout attentat contre soi-même, nous croyons que la morale publique y gagnerait et que l'on ne verrait pas ce crime se renouveler si fréquemment.

Tel qu'on peut le définir: l'homicide est l'acte de priver de la vie un être humain, autre que soi-même.

Il faut donc pour qu'il y ait homicide que l'être humain vive au moment de l'acte criminel; on ne saurait homicider un cadavre.

L'acte criminel peut être ou physique ou moral:

Physique, quand il se traduit par un attentat extérieur contre la vie de l'homme: moral, quand, sans se manifester à l'extérieur, il attaque l'existence d'autrui d'une façon quelconque, par exemple, par une incessante amertume dont un mari abreuverait la vie de sa femme.

L'acte physique peut être facilement perçu, et puni par la loi; l'acte moral, par cela même qu'il ne se traduit pas en un fait extérieur et palpable, est presque impossible à surprendre, et ne saurait que difficilement tomber sous le coup de la loi.

L'acte physique peut encore être positif ou négatif; positif, quand il consiste en une aggression active contre la vie de l'homme; négatif, quand il se borne à une aggression passive ou une omission. Tel serait le fait de priver une personne d'un remède qui doit lui rendre la vie. Ici encore l'action de la loi sera plus difficile que s'il s'agissait d'un acte positif: celui-ci laisserait des traces que la justice saisirait: l'acte négatif, au contraire, ne doit pas en laisser et abandonne l'appréciation que l'on doit en faire au champ toujours si vaste des conjectures.

Du reste, l'acte criminel ne change pas de caractère, quelle que soit la forme qu'il prenne, quelle que soit la manière dont il se manifeste, pourvu toutefois que cette forme, ce mode d'être, soit capable de donner la mort.

L'homicide, en général, est donc réprouvé et puni par la loi. Mais dans cette matière, comme dans toute autre, il y a des variétés dans le crime, comme il y a des différences dans la perversité de ceux qui l'ont commis.

La loi a pris ces différences de perversité pour base de ses distinction. Or, ici, comme dans tout autre crime, c'est l'intention qui fera apprécier le plus ou le moins de perversité de l'agent.

CHAPITRE PREMIER.

De l'homicide sous le rapport de l'intention qui y a présidé.

L'intention est le diagnostique le plus certain du plus ou moins de perversité de l'agent. Dans l'homicide, l'intention était donc la question qui devait fixer l'attention du législateur.

Qui dit intention, dit volonté. Or, il peut arriver qu'un homicide ait lieu, sans qu'il y ait eu volonté de la part de son auteur. Il n'y aurait donc pas, en règle stricte, de fait punissable dans un pareil homicide, cependant la loi, qui ne saurait trop protéger la vie de l'homme, inflige à l'auteur d'un pareil acte une peine, légère à la vérité, mais destinée à punir le plus ou le moins de légèreté et d'imprudence qui a causé le fait.

Mais il peut arriver aussi que, malgré l'existence de l'intention coupable, les circonstances soient telles qu'il ne puisse y avoir lieu à châtiment.

Enfin, il arrive que l'agent a perpétré son crime avec intention, et que l'acte coupable ne soit que le résultat de cette volonté. Dans ce cas, il faut examiner quel est le degré de perversité de cette intention. Si elle a été instantanée, si elle s'est formée et s'est manifestée subitement, elle sera moins coupable que celle qui se serait longuement préparée, qui dès longtemps aurait prévu et arrêté sa manifestation.

8

Aussi, partant de ces principes, la loi distingue : 1° l'homicide involontaire, 2° l'homicide légitime, 3° le meurtre, 4° l'assassinat.

DE L'HOMICIDE INVOLONTAIRE.

L'homicide est involontaire lorsque la mort a été donnée sans intention de la part de celui qui l'a occasionnée.

Or, dans cette hypothèse, trois cas peuvent se présenter : Ou bien
l'homicide est le résultat d'un accident qu'il eût été impossible de prévenir ni de prévoir, et alors il n'y a ni crime ni délit (art. 64, C. pén.).

Tel est le fait du maçon qui, en tombant d'un toit, écraserait quel-
qu'un dans la rue.

Ou bien l'homicide est le résultat d'une imprudence, d'une inat-
tention, de l'inobservation de règlements, d'une négligence. Ici il y
a un fait punissable, fait que la loi doit atteindre; c'est un délit cor-
rectionnel, puni de trois mois à deux ans d'emprisonnement, et de
cinquante à six cents francs d'amende (art. 319, C. pén.).

Ou bien, enfin, l'homicide est le résultat d'une manifestation coupable contre la victime, mais faite sans intention d'arriver à ce résultat déplorable.

Tels seraient, par exemple, des coups ou des blessures faites sans
intention de donner la mort. Ici le fait criminel est déjà plus coupable. Celui qui se porte sur son semblable à des violences qui peuvent
causer sa mort, doit être puni, car il aurait dû mesurer les conséquences de son acte : il est coupable, mais il n'est pas encore meur-
trier, car il n'a pas eu la volonté perverse, et son bras a été plus loin
que ne l'aurait voulu son cœur.

Ici la loi prononce une peine déjà sévère; elle condamne l'auteur
de cet homicide aux travaux forcés à temps (art. 309, C. pén.).

SECTION II.

DE L'HOMICIDE LÉGITIME.

Ici l'intention de donner la mort existe, mais elle n'est pas coupable à cause des circonstances qui l'ont fait naître. Deux cas peuvent se présenter :

1º Lorsque l'autorité légitime commande l'homicide, tel est le fait de l'exécuteur des hautes œuvres ou des soldats chargés de fusiller un condamné (art. 327, C. pén.).

2º Lorsque l'homicide n'a été commis que dans le but de se défendre soi-même ou de préserver autrui d'une attaque (art. 328, C. pén.).

3º Tel est encore le fait de l'agent de la force publique qui attenterait à la vie d'un citoyen dans une émeute, dans le but de défendre l'ordre et la loi.

Dans cette hypothèse sont comprises les deux suivantes : L'homicide commis en repoussant une attaque nocturne faite par escalade ou effraction des clôtures, mûrs ou entrée d'une maison ou d'un appartement habité ou de leurs dépendances.

L'homicide commis en se défendant contre les auteurs de vols ou de pillages exécutés avec violence (art. 329). Ces désignations, du reste, ne sont pas limitatives : Un père qui tuerait le ravisseur de sa fille ne serait pas plus coupable que celui qui a tué l'individu qui l'attaquait.

L'homicide commis en état de démence peut être rangé dans cette catégorie de faits involontaires. En effet, si l'on admet que les actes extérieurs sont presque toujours le résultat et l'expression de la volonté, il faut admettre aussi que la volonté, d'une personne insensée ne saurait être perverse, tant elle est oblitérée par l'effet de la démence. Si donc il y a dans ce cas volonté, ce qui souvent serait une question, il n'y a tout au moins pas volonté coupable, car, rendre l'insensé responsable de son fait serait souverainement injuste et cruel. Aussi la loi a-t-elle déclaré que, dans l'homicide commis en état de démence, il n'y avait ni crime et délit (art. 64).

DU MEURTRE.

Il y a meurtre toutes les fois qu'il y a eu homicide commis avec l'intention de donner la mort (art. 295).

Si l'homicide n'a pas été consommé, mais si l'intention de donner la mort a été manifestée par des actes extérieurs et n'a pas reçu son exécution par des circonstances indépendantes de la volonté de celui qui l'avait conçu, il y a tentative de meurtre punie comme le meurtre lui-même (art. 2).

Le meurtre se distingue de l'assassinat en ce que la volonté de donner la mort qui y a présidé doit avoir été subite, instantanée, irréfléchie.

Le meurtre est puni des travaux forcés à perpétuité (art. 304).

S'il a été précédé ou suivi d'un autre crime, il prend un caractère plus grave et il est puni de mort (art. 304). S'il n'a été précédé ou suivi que d'un délit, l'aggravation n'a pas lieu, à moins qu'il n'ait eu pour but de faciliter, de préparer ou d'exécuter ce délit.

SECTION IV.

DE L'ASSASSINAT.

L'assassinat est le meurtre commis avec préméditation ou guet-à-pens (art. 296).

Ici la volonté criminelle est arrivée au comble de la perversité. Elle a médité, préparé le crime; enfin elle l'a consommé avec le sangfroid que présume une pareille préméditation.

Comme le meurtre, l'asssasinat se compose de deux faits; l'intention de donner la mort et le fait matériel de l'homicide; mais pour qu'il y ait assassinat il faut un troisième fait; la préméditation ou le guet-à-pens.

La préméditation est définie par la loi:

Le dessein formé, avant l'action, d'attenter à la personne d'un individu déterminé ou même de celui qui sera trouvé ou rencontré, quand même ce dessein serait dépendant de quelque circonstance ou de quelque condition (art. 297).

Le guet-à-pens d'après le Code consiste à attendre plus ou moins de temps dans un ou divers lieux un individu, soit pour lui donner la mort, soit pour exercer sur lui des actes de violence (art. 298).

Le guet-à-pens suppose la préméditation; la préméditation, au contraire ne suppose pas le guet-à-pens. Le guet-à-pens c'est la prémédation traduite en un fait matériel, la préméditation c'est la volonté prématurée de tuer mise à exécution.

L'assassinat est puni de mort (art. 302).

CHAPITRE II.

Des circonstances de faits et de personnes qui aggravent ou excusent l'homicide.

Nous venons d'étudier les caractères auxquels la loi reconnaît en général le plus ou moins de perversité de l'intention.

D'autres circonstances encore peuvent aider dans cette appréciation.

Aussi la loi reconnaît-elle à certains faits la propriété d'aggraver la culpabilité de l'agent, à d'autres celle d'excuser la culpabilité de l'action qu'il a commise.

Nous diviserons donc ce chapitre en deux sections; la première traitera des circonstances qui aggravent, la deuxième de celles qui diminuent la criminalité de l'homicide.

SECTION PREMIÈRE.

DES CIRCONSTANCES QUI AGGRAVENT L'HOMICIDE.

Il est deux faits qui aggravent l'homicide; c'est 1° la manière dont il a été commis , 2°, la personne sur laquelle il a été commis.

Par la manière d'exécution nous voulons parler de l'empoisonnement, crime prévu particulièrement par le Code ; par la qualité des personnes nous entendons, les liens de parenté qui peuvent exister entre l'agent et la victime.

§ I. De l'empoisonnement.

De tous les modes d'attenter à la vie de l'homme, la loi n'a prévu particulièrement que l'empoisonnement.

L'art. 201 le définit : Tout attentat à la vie d'une personne par l'effet de substances qui peuvent donner la mort plus ou moins promptement, de quelque manière que ces substances aient été préparées ou administrées et quelles qu'en aient été les suites.

La médecine légale définit le poison : toute substance qui, prise à l'intérieur ou appliquée à l'extérieur du corps de l'homme, mais à petite dose, est capable d'altérer la santé ou de détruire la vie sans agir mécaniquement (Devergie, méd. lég., théor. et prat., t. 2, p. 430).

Pour qu'il y ait empoisonnement, il faut la combinaison de deux éléments.

1° L'attentat à la vie de l'homme par le poison ;

2° L'emploi d'une substance capable de produire la mort.

Le premier de ces éléments comprend la volonté de tuer et la préméditation, le second présuppose l'existence d'une substance capable de donner la mort et un mode d'injection de cette substance dans le corps de l'homme, mode capable de provoquer la mort.

Le danger de cet attentat à cause de la presque impossibilité de s'en garantir, la préméditation qu'il présume toujours, l'ont fait regarder par la loi comme un assassinat. Il est comme ce crime puni de mort, quelles qu'en aient été les suites (301, 302).

§ II. *Du parricide.*

Il est des liens de parenté tellement sacrés que celui qui les brise violemment attaque par là les plus saintes lois de la morale et de la société. Il fait preuve d'une monstrueuse perversité et ne mérite de la loi aucune indulgence.

Aussi de tout temps l'homicide commis sur les père et mère ou sur les ascendants légitimes a-t-il excité la juste sévérité du législateur. Le parricide puni autrefois par un luxe de châtiments, qui tenait de la barbarie des temps, a été regardé par le Code comme un assassinat. Il est puni de mort.

On ne distingue pas dans ce crime le simple meurtre de l'assassinat; la loi considère le parricide comme un assassin dans tous les cas.

Il y a parricide, quand on attente à la vie des pères ou mères, légitimes, naturels ou adoptifs ou de tout ascendant légitime (art. 299).

L'agent du crime devait connaître les liens qui l'unissaient à sa victime pour encourir la peine du parricide.

Le meurtre des parents naturels ne constitue ce crime, qu'autant qu'il est commis par un enfant légalement reconnu.

Il paraît raisonnable d'admettre que la loi a compris dans le parricide, le meurtre commis par un enfant adultérin ou incestueux (art. 335, C. civ., 762, C. c.).

Le parricide est puni de mort; le condamné est conduit au lieu de l'exécution, en chemise, pieds nus et la tête couverte d'un voile noir. Il reste exposé sur l'échafaud pendant qu'un huissier fait lecture au peuple de l'arrêt de condamnation (art. 13, C. p.).

§ III. *De l'infanticide.*

Si les liens qui unissent l'enfant à ses parents sont sacrés et si le crime du parricide est horrible, il doit en être de même du crime d'un père ou d'une mère qui attentent à la vie de leur enfant nou-veau-né. De plus, la faiblesse du nouveau-né a dû provoquer le législateur à l'entourer d'une sauvegarde plus grande que tout autre membre de la société.

L'infanticide est défini le meurtre d'un enfant nouveau-né, commis soit par la mère, soit par un tiers (art. 300).

Par nouveau-né il faut entendre l'enfant qui n'a pas encore perdu le cordon ombilical. L'enfant est donc regardé comme nouveau-né pendant trois jours.

L'enfant doit être né vivant; nous pensons que le crime serait le même s'il avait eu lieu sur un enfant né non viable, car il suffit que l'individu, contre lequel l'attentat est commis, vive au moment où il est commis pour que l'auteur de l'attentat soit coupable.

Ici encore la loi ne distingue pas le meurtre de l'assassinat et punit l'infanticide de mort (art. 302).

Il est rare, du reste, que cette peine soit appliquée, le jury trouvant toujours des circonstances atténuantes dans la position affreuse de jeunes filles qui commettent ce crime pour cacher leur honte.

SECTION II.

DES CAS OU LE MEURTRE ET L'ASSASSINAT SONT EXCUSABLES.

Nous avons vu les cas où la loi, malgré le fait de l'homicide, déclare qu'il n'y a dans ce fait ni crime ni délit. Il en est d'autres, où tout en reconnaissant le meurtre ou l'assassinat, elle les déclare excusables :

1° Lorsque le meurtre a été provoqué par des coups ou violences graves envers les personnes (art. 321).

Les violences doivent consister dans une provocation physique, dans des coups, par exemple : le meurtre doit avoir immédiatement suivi ces violences ; d'où il suit que jamais cette excuse ne peut s'appliquer à l'assassinat.

2° Est encore excusable, le meurtre ou l'assassinat commis en repoussant pendant le jour l'escalade ou l'effraction des clôtures, murs ou entrée d'une maison ou d'un appartement habité ou de leurs dépendances (art. 322).

Cette excuse peut s'appliquer à l'assassinat, car il est fort possible que, prévenu de l'arrivée de malfaiteurs, on se soit embusqué pour les tuer à leur première attaque.

L'art. 322 ne parle, il est vrai, que du meurtre. Mais l'art. 326 suppose, en cas d'excuse prouvée, la diminution de peine pour des crimes emportant la mort. Or, l'assassinat seul emporte cette peine ; il faut donc en conclure que cette excuse lui est applicable.

Ces deux excuses ne s'appliquent jamais au parricide (art. 323).

La loi les restreint quant au meurtre d'un époux par l'autre à deux cas.

Le premier, lorsque la vie de l'époux qui a donné la mort était en péril au moment du meurtre. 324.

Le second lorsque le meurtre a été commis par l'époux sur l'épouse ou son complice surpris en flagrant délit d'adultère.

Le flagrant délit doit s'entendre ici physiquement : lorsque l'épouse adultère a été immolée dans les bras de son complice, ou selon la loi romaine : *in ipsa turpitudine*, *in ipsis rebus veneris*, les lois de Dracon et de Solon : εν εργω.

Le dernier cas d'excuse s'applique à l'assassinat aussi bien qu'au meurtre ; et plus souvent au premier qu'au dernier.

Il ne peut jamais s'appliquer au parricide qui d'après l'article 323 n'est jamais excusable.

9

La preuve des faits d'excuse ci-dessus mentionnés font abaisser la peine à un emprisonnement de un an à cinq ans (art. 326).

DEUXIÈME PARTIE.

DU DUEL.

Le duel est un combat, entre deux ou plusieurs personnes, combat soumis par le préjugé à des règles de loyauté et d'égalité réciproques dans les chances qu'il entraîne.

Nous n'entendons parler dans ce travail que du duel loyal et régulier ; tout autre sort évidemment de la classe du duel proprement dit pour emprunter le caractère d'un guet-à-pens, il est dès-lors en dehors de la question.

Le duel est un reste barbare du moyen-âge ; c'est un préjugé qui s'est enraciné dans les nations, et qui, tout en diminuant tous les jours, est encore assez puissant pour mettre parfois l'homme le plus éclairé dans la malheureuse nécessité de s'y soumettre. Une des raisons qui l'empêchent peut-être le plus de céder à l'influence de la civilisation, ce sont les lacunes que contiennent nos lois au sujet des injures personnelles, lacunes qui portent le citoyen insulté à se rendre à lui-même justice et satisfaction.

Une seconde cause de persistance de ce préjugé c'est la trop grande sévérité des lois qui le répriment. En admettant à priori, ce que nous examinerons plus tard, que le code punisse le duel, il est évident que l'assimiler au meurtre où à l'assassinat c'est en assurer l'impunité. Rarement un jury prendra sur lui de faire condamner un citoyen à une peine afflictive et infamante, parce qu'il a pris part à un duel malheureux. Aussi depuis 1837, époque à laquelle la cour de cassation changeant sa jurisprudence, a reconnu que le Code prévoyait le duel, n'est-il pas d'exemple, croyons nous, d'une condamnation causée par un verdict affirmatif du jury.

Il faudrait donc, à notre sens, pour réprimer le duel d'une manière efficace, le soumettre à une législation spéciale, et à une pénalité qui ne fît pas reculer le juge par sa sévérité trop évidente.

Le préjugé du duel est un fait et, sans admettre, comme un publiciste, M. Guizot, que c'est un complément de la civilisation, une garantie de la sociabilité, une sorte de Palladium de la dignité individuelle, nous devons constater que dans l'état actuel des mœurs, ce préjugé existe et qu'il n'a pas encore perdu toute sa puissance.

Mais ce préjugé est-il un droit; la loi autorise-t-elle, sinon formellement, du moins tacitement cette sorte de justice personnelle? C'est ce que nous avons à examiner.

Et d'abord constatons que le Code pénal qui nous régit ne prévoit pas formellement le duel; donc le fait d'aller sur le terrain ou tout autre fait qui précéderait le combat ne constitue ni crime ni délit. Mais en est-il de même des suites du combat et du combat lui-même? L'homicide commis en duel ne constitue-t-il ni crime ni délit?

Sur ce point la jurisprudence a été constante pendant 27 ans, depuis 1810 jusqu'en 1837. La grande majorité des cours et la cour de cassation ont, par de nombreux arrêts rendus dans cet intervalle, déclaré que l'homicide commis en duel ne constituait ni crime, ni délit.

L'un des arrêts de la cour de cassation, celui du 4 décembre 1824, avait même été rendu sous la présidence de M. de Peyronnet, garde des sceaux, ministre de la justice.

Ce ne fut qu'en 1837, que M. Dupin, procureur général à la cour de cassation, dans un réquisitoire plein de savoir et d'éloquence, demanda aux magistrats de revenir sur les précédents de la cour et de changer sa jurisprudence. Il fut écouté.

Deux arrêts, le premier du 22 juin 1837, le second du 15 décembre 1837, suivis de plusieurs autres, ont fixé la jurisprudence et ont condamné les suites du duel.

Or examinons quelles raisons ont pu changer ainsi l'opinion de la de la cour suprême et prenons pour cela le duel à son berceau pour le suivre à travers les siècles et étudier les diverses législations auxquelles il a été soumis.

Les Grecs et les Romains ignoraient l'usage des duels: il n'existait que chez les peuplades guerrières des Germains, parmi lesquelles la force était le droit: aussi Velleius Paterculus remarque-t-il: *Septentrionales armis decernere lites suas solitos fuisse* (Ducange, *Duellum*). C'était alors le combat en champ clos: il était usité non seulement pour vider les querelles particulières, mais encore pour décider des procès et même des questions de droit. Othon, surnommé le grand, mort en 973, voyant l'embarras des docteurs sur la question de savoir si la représentation devait avoir lieu entre les petits enfants et les oncles, ordonna un duel: le champion de la représentation fut vainqueur, et elle fut admise.

Le code de Limdembroge, les lois des Danois, des Bourguignons constatent la légalité de ces duels garantis par l'autorité publique et spécialement réglementés par elle.

A cette époque de barbarie et de crédulité religieuse, peuples et rois croyaient sincèrement à l'intervention divine dans ces sortes de combats; ils étaient persuadés que le bon droit ne pouvaient succomber et ils s'en remettaient à Dieu et à leur épée pour le faire prévaloir.

Ainsi voyait-on alors l'usage des épreuves du feu et de l'eau, appliqué à la recherche des crimes.

Ainsi encore, vit-on le pape Nicolas Ier reconnaître la légitimité des duels comme autorisés par la loi Salique et la loi Gombette; et cela malgré les résistances d'Avitus, archevêque de Vienne, d'Agobard, archevêque de Lyon, et la décision contraire du concile de Vienne en 855.

Mais les rois, qui d'abord avaient vu avec plaisir ces luttes entre les nobles et gens d'armes qui se décimaient ainsi entre eux, s'aperçurent que ces guerres privées menaçaient leur propre pouvoir ; ils s'élevèrent dès-lors contre le duel.

St-Louis, en 1260, et cent ans avant lui, Louis-le-Jeune en 1167, prohibèrent cet usage. Mais comme le dit Beaumanoir : « *Li saint roy Loys les osta de sa court, si ne les osta de la court des y barons.* » Ce fut lui encore qui introduisit l'appel qui fut réputé un démenti donné au premier juge, lequel devait se battre contre l'appelant.

Philippe-le-Bel réglementa les duels, ne pouvant les abolir. Par son mandement de 1307, il le tolère entre les barons, ne permettan aux vilains et aux roturiers que des luttes au bâton. Il établit dans ses règlements sur les gages des batailles, un juge du camp et les statuts du combat. Le vaincu était puni de mort parfois, et toujours de l'amende. De là l'adage : «*Les battus paient l'amende.*»

La puissance royale augmentant peu à peu, les rois se déclarèrent les dispensateurs suprêmes de la justice et les arbitres de la paix et de la guerre. Ce fut à eux dès-lors que l'on dût s'adresser pour obtenir la permission de recourir au combat. Les nobles seuls obtenaient cette autorisation.

Le dernier duel permis par le roi eut lieu sous Henri II, le 10 juillet 1547, entre Jarnac et la Châtaigneraie. Ce dernier, favori du roi, fut tué; depuis ce temps, les rois refusèrent toute autorisation.

La noblesse murmura et les duels, au lieu de cesser, reprirent avec plus de force que jamais. Sous le seul règne de Henri IV on compta 8000 gentilhommes tués de cette façon. C'était un défi jeté au pouvoir royal. De nouvelles lois survinrent et cette fois d'une sévérité et d'une prévoyance presque draconiennes.

Le Duel fut considéré comme une révolte contre la royauté; ce fut dès-lors un crime de lèse-majesté et, comme tel, puni des peines les plus sévères.

Toutefois cette législation était exceptionelle et ne frappait que les nobles et gens faisant profession des armes. Les gens de naissance *vile et ignoble* (1) n'étaient pas atteints par cette pénalité, sauf le cas où ils se seraient battus avec des nobles, alors ils étaient sans remission pendus.

Telles étaient les lois sanctionnées par Louis XIII d'abord en 1626, puis par Louis XIV en 1643, et enfin par Louis XV en 1723.

Survint la révolution 1789 et l'abolition de la noblesse (2) et de ses priviléges dans la mémorable nuit du 4 août. Dès-lors les lois exceptionnelles étant abolies, il fut proclamé par la constitution de 1791 que les mêmes délits seraient punis par les mêmes peines, sans distinction de personnes. Or, qu'y avait-il à faire dans ces circonstances? fallait-il ranger le duel dans le droit commun, comme les lois anciennes le faisaient pour les roturiers, ou bien le soumettre à une législation spéciale, comme les édits des rois l'avaient fait pour la noblesse ?

Le 27 avril 1791 Lanjuinais proposa une législation spéciale; son projet ne fut pas discuté.

Vient le Code pénal du 27 septembre, 6 octobre 1791 ; il ne prévint pas spécialement le duel: et s'il faut adopter l'argumentation de M. Dupin, il le rangea dans le droit commun, le regardant non plus comme duel, mais comme homicide non compris dans les exceptions qui peuvent légitimer ou excuser l'attentat contre la vie humaine.

Le Code du 3 brumaire an IV et la loi du 25 frimaire an VIII n'innovèrent rien à ce sujet.

En l'an IX cependant un doute s'éleva : le ministre de la justice le résolut aussitôt par un avis que rapporte Fleurigeon (Recueil administratif, t. 5, 290) dans ce sens: que le duel n'est pas punissable comme duel, mais que les conséquences de ces combats rentrent dans la classe ordinaire des crimes et délits contre les personnes.

Enfin fût voté le Code de 1810. Il garde aussi le silence sur le duel. Mais l'intention du législateur à ce sujet est clairement manifestée par

1. *Art.* 15 de l'édit de 1561.
2. 23 juin 1790.

les paroles de M. de Monseignat, rapporteur de la commission de législation du corps législatif. Cette commission, d'après le sénatus-consulte du 19 août 1807, était un corps constitutionnel, remplaçant le tribunat, et investi de tous les droits qu'avait cette branche du pouvoir législatif.

M. de Monseignat, à la séance du 17 février 1810, disait : « vous me demanderez peut-être pourquoi les auteurs du projet de loi n'ont pas désigné particulièrement un attentat aux personnes, trop malheureusement connu sous le nom de Duel; c'est qu'il se trouve compris dans les dispositions générales du projet de loi qui vous sont soumises. Le projet n'a pas dû particulariser une espèce qui est comprise dans un genre dont il donne les caractères. »

Un vote suivit immédiatement ce rapport et le projet fut converti en loi par le corps législatif.

Telles sont les phases successives que subit la législation du duel depuis les temps les plus reculés.

Faut-il maintenant conclure avec M. Dupin que le Code prévoit et punit les blessures ou la mort qui sont la conséquence du duel, comme tout autre crime ou délit de ce genre : nous le croyons, tant à cause des paroles de M. de Monseignat, paroles officielles et prononcées au nom d'une commission après discussion et délibération à ce sujet, qu'à cause de l'impossibilité morale qu'il y aurait de croire que le législateur, loin de punir cet attentat à la vie de l'homme, l'a au contraire ennobli et en a assuré l'impunité.

Telle n'a pas été cependant l'impression que semble avoir faite le Code de 1810 aux magistrats qui ont eu à l'appliquer les premiers. Ce fut en 1818 que la question fut posée pour la première fois, et elle fut résolue dans un sens opposé à l'opinion de M. Dupin. Cependant les cours de Paris, de Montpellier, Toulouse, Limoges, Douai, Aix, Amiens, Nancy, Metz, Colmar, luttèrent avec la Cour de cassation et regardèrent les suites du duel comme prévues et punies par le Code.

Le 31 janvier 1818, la Cour des Pairs se rangeait à l'opinion de la

Cour de cassation et rejetait la plainte formée contre un pair par la Dame de St. Morys, parce que; disait l'arrêt, la loi n'avait ni prévu ni puni le duel.

En 1819, la chambre des députés accueillait la proposition de M. Clausel de Coussergues qui demandait une loi spéciale sur le duel.

Deux projets furent présentés à ce sujet à la chambre des députés par le ministre de la justice, l'un le 14 février 1829, l'autre le 11 mars 1830 : on n'y donna pas de suite. Enfin, lors de la révision du Code pénal en 1832, on n'a pas fait mention du duel dans la discussion ni dans les modifications que l'on fit subir au Code de 1810.

Tous ces motifs de doute on fait croire à de bons esprits, notamment à MM. Chauveau Adolphe et Faustin-Hélie que la loi ne prévoyait ni ne punissait les suites du duel.

Quant à nous, dans l'intérêt de la morale, de la sécurité et du bon ordre, nous croyons avec M. Dupin que le Code a compris les suites du duel dans ses dispositions sur l'homicide et que dèslors elles doivent être punies.

Que si nous cherchons à déterminer le caractère que doit prendre l'homicide fait en duel, il nous semble qu'une distinction bien simple doit être admise.

Ou le duel a eu lieu après une querelle et sur le champ, sans préparation; alors il y a meurtre, s'il se termine par la mort de l'un des combattents; et tentative du même crime s'il n'y a que des blessures : ou la rencontre n'a lieu qu'après rendez-vous donné; il y a évidemment dans ce fait préméditation et dèslors l'homicide qui s'en suivrait devrait être considéré comme un assassinat.

Si des blessures seules ont été faites, il y aurait tentative d'assassinat.

Dans les deux cas de tentative de meurtre ou d'assassinat, une singularité particulière à ce genre de crime et qui à elle seule devrait faire modifier la loi se présenterait nécessairement.

Il y aurait toujours deux inculpés qui en même temps seraient deux victimes.

L'assistance de témoins au duel les rend-elle passibles des peines de la complicité? Par une stricte conséquence du système de la cour de cassation, la réponse devrait être affirmative. Et cependant la jurisprudence a admis qu'ils ne pourraient être poursuivis qu'alors seulement qu'ils ont coopéré au fait du duel, en fournissant des armes ou en ne faisant pas de constants efforts pour éviter l'engagement.

A. Cass. 22 Déc. 1837, 6 Juillet 1838.

Gazette des tribunaux. Bulletin du 4 Janvier 1845 N° 5522.

L'homicide commis en duel donne ouverture à une action en dommages-intérêts au profit de la victime ou de sa famille, lors même que celui qui a été tué aurait été le provocateur. (Civ. rej. 29 Juin 1827, 30 Juin 1836.)

Pour résumer cette étude, nous rapellerons qu'avant 1789, les édits punissaient le duel comme fait attentoire à l'autorité royale et comme tel le soumettaient à une législation exceptionnelle.

Au contraire les lois postérieures ne se sont plus préoccupés du duel en lui-même mais des suites qu'il pourrait entraîner : ces suites ont été regardées suivant les circonstances comme meurtre ou assasi- et punies comme tels.

Mais il est évident que, par cela même que l'on dépouillait le duel de son caractère, de son cachet propre, on ne pouvait, sans danger d'impunité, le soumettre au droit commun.

L'énormité même des peines rend la loi impuïssante et le crime impuni.

Quand, sous nos rois, on condamnait à mort les nobles batailleurs et duellistes, c'était en vue de l'insulte faite à l'autorité royale; aujourd'hui que l'autorité royale est renversée, la justice n'émane plus du souverain ; le motif d'aggravation de peine n'existe donc plus et il ne reste que des motifs d'atténuation, motifs assez puissants pour devoir provoquer, de la part du législateur, la révision de cette partie de la législation criminelle.

FIN.

9

www.ingramcontent.com/pod-product-compliance
Lightning Source LLC
Chambersburg PA
CBHW071248200326
41521CB00009B/1670